Brèves d'économie évolutive

Max MOREAU

BREVES D'ECONOMIE EVOLUTIVE

Dictionnaire facétieux d'économie évolutive

Préface de Jean-Paul Betbèze

L'Harmattan

5-7, rue de l'École-Polytechnique ; 75005 Paris
http://www.editions-harmattan.fr
ISBN : 978-2-343-14379-8
EAN : 9782343143798

Bibliographie de Max Moreau

Le management pratique de l'entreprise, Editions Economica. Prix du meilleur ouvrage économique. FFF 79. *La maîtrise de l'énergie,* Editions Economica.

L'économie de la Polyénergie, Editions Economica. Prix Sadi-Carnot, prix de l'Energie.

Energie : Guide Pratique en cent questions, Editions Economica.

L'Embauchoir. Cent vingt réponses au plein-emploi, Editions L'Harmattan.

La mousse bleue, Roman, Editions Le Luy de France.

Télescopages, Essai, Editions Atlantica.

Une brassée de roses-thé, Roman, Editions Atlantica.

L'audace écarlate, Roman, Editions du Compas.

Le révolté de Blagnac, Roman. Editions Atlantica.

Sixième B, Roman. Editions Atlantica.

Les choux de Bruxelles, Roman. Editions Atlantica.

Le clandestin du Mato Grosso, Roman, Editions L'Harmattan.

L'économie hybride pratique, Editions L'Harmattan.

Le buveur d'aube rouge, Roman, Editions L'Harmattan.

L'économie manipulée et floutée, Editions L'Harmattan.

L'économie moderne et le trialisme républicain, Editions L'Harmattan.

L'embauchoir. Réédition, Editions L'Harmattan.

Immersions, Editions L'Harmattan.

Dispersions, Editions L'Harmattan.

Exfiltrations, Editions L'Harmattan.

La tentation de l'Adour, L'Harmattan.

Réveillons-nous, L'Harmattan.

Suffocations, Roman noir. L'Harmattan.

Ambition économique française, les 12 travaux d'Hercule, L'Harmattan.

Suspicions, Roman noir. L'Harmattan.

Ascendances, Roman, L'Harmattan.

Arrêtez de nous compliquer l'existence ; 115 préconisations économiques concrètes pour redresser notre économie. L'Harmattan.

Les politiques sont-ils à l'Ouest ? ; Stratégie du plein-emploi actif, L'Harmattan.

Attractions, Roman, Web.

Irradiations, Roman noir. L'Harmattan.

Meurtre par balle à blanc, Roman noir. L'Harmattan.

Chroniques

La Gestion prévisionnelle de l'entreprise. C.J.P.

La Productivité du bâtiment. Batibat. F.N.B.

Un Manager efficace pour une entreprise performante.

La Maîtrise du Temps, source de performance.

La Formation de la maintenance dans l'Hôtellerie.

Le Marketing des Economies d'énergie.

Incendies : l'Expert spécialiste ou généraliste ?

Internet : moteur ou frein au Management performant ?

Les enjeux économiques français à l'aube du millénaire.

Réceptions Académie Béarn Thierry Moulonguet, Jean Poulit.

L'économie en jachère, éditions L'Harmattan.

*Stratégie pour une France plus compétitive,*éd. L'Harmattan.

Le Roman : Fiction ou réalité ?

La tentation de l'Adour. Courrier du Parlement.

Pour une stratégie du plein-emploi Courrier du Parlement.

Vème Rencontre béarnaise du LUCERNAIRE.

IVème- Vème- VIème Rencontres-Débats économiques, Le Chiffre & la Plume, Parlement de NAVARRE.

Nouvelles

Gazon pervers. Golf européen.

Mirages. Escales d'auteurs. ACCOR.

Pirates et Barbies

SOMMAIRE

PRÉFACE

Un homme se définit par ses mots. Voici donc ceux de Max Moreau, glanés par lui dans de multiples domaines, au cours de sa vie et de ses multiples expériences. Ils viennent de la science (surtout physique), des mathématiques, de la gestion, de la statistique, de la finance, de l'économie, du management, de l'informatique, de la politique, de la philosophie, avec les liens spéciaux de l'humanisme et de l'humour, pour comprendre ce qui se passe autour de nous, et en nous. Et pour avancer, en faisant au mieux.

On apprendra bien sûr, en lisant et dégustant ces mots. On verra surtout l'angle qui explique leurs liens, et leur choix. Il fabrique la trame de l'ensemble et crée ce monde varié, cette « économie évolutive ».

Pour ne pas être pris au sérieux, moins encore au tragique, Max Moreau ajoute « facétieux », plein de plaisanteries et de finesses, en fait de distance. Distance entre ce que l'on dit et ce que l'on fait, entre ce que l'on croit et ce que l'on pratique, entre le compliqué que l'on souhaite et le simple qui marche. Distance, pour ne pas se perdre (à tous les sens du terme), distance pour être vrai.

Les mots qui suivent sont donc un viatique pour cheminer dans les Pyrénées, pas seulement bien sûr, mais en prenant de la hauteur. De la vraie hauteur... Et j'entends Max ajouter : « sans se pousser du col ! ».

Bonne lecture donc, à mots découverts !

Jean-Paul Betbèze
Président de Betbeze Conseil.
Membre de l'Académie de Béarn.

1. Prolégomènes

« Toutes choses sont dites déjà ; mais, comme personne n'écoute, il faut toujours recommencer » André GIDE.

La publication de « Brèves d'économie » ressemble à une gageure, tant l'économie est appréciée comme une discipline sérieuse où s'entrechoquent idéologies, logiques, humanisme et ressentiments, parfois à contrechamp, dans l'incessante quête du mieux-être individuel et collectif.

Une action tonique et décapante, au service de la connaissance de l'économie évolutive, objectif plus que jamais nécessaire. Une économie sobre, pionnière de l'économie verte, bas carbone, arme des transitions écologiques, énergétiques et numériques*.

Avec l'ardente ambition de proposer le « couteau suisse » de la littérature économique. Afin d'accéder rapidement à une définition précise ou à une notion d'économie évolutive, les éléments signifiants de ce dictionnaire facétieux sont classés dans l'ordre alphabétique. (1.610 mots dont 227 dédiés à l'économie numérique*).

J'écris dans l'espoir de faciliter la réflexion et la vie de mes lecteurs, d'économiser leur temps, car la lecture de ce dictionnaire facétieux demande moins de quatre heures.

L'intrusion d'adages, de sentences rafraîchissantes, d'aphorismes plaisants, avec un attachement particulier aux paradoxes, n'a qu'un but : divertir le lecteur sur un sujet âpre et rigoureux, la légèreté exigeant, parfois, plus de force que l'attraction universelle.

2. A

Abattement fiscal : minoration conventionnelle apportée à l'assiette de l'impôt. C'est aussi l'état dans lequel se trouve un contribuable quand il reçoit son avis d'imposition.

Abondance : fait, pour un bien économique, d'exister en grande quantité ; s'oppose à la rareté. L'opportuniste, ne déniche-t-il pas la disette dans l'abondance, afin de s'enrichir avec intention spéculative frauduleuse ?

Absentéisme : manque d'assiduité au travail exigeant la présence en un lieu ; comportement d'une personne qui est souvent absente. L'absentéiste professionnel tire profit de la totalité des journées d'absence ouvrant droit à sa couverture sociale.
Assurance-chômage : pour s'assurer de ne jamais retrouver du travail ?

AB Testing* : très utilisé en marketing et cohérent avec l'esprit « *test & lurn* » des startups, *l'AB Testing* permet de mesurer les performances de différentes versions d'un même produit. En digital, il sera utilisé pour tester des mails, pages web, *landing pages*, formulaires, visuels... Il consiste à scinder des utilisateurs/abonnés/internautes en 2 groupes A & B, et à leur montrer à chacun une version différente pour ensuite analyser les performances de chaque groupe et mettre en œuvre de manière plus globale ce qui fonctionne le mieux.

Académie de Béarn : association culturelle qui soutient et promeut la culture en Béarn, son passé, son présent et son avenir par des publications, des conférences et des débats, sous l'angle littéraire, artistique, scientifique, économique et historique. Son siège est à Pau, son Président est Marc Bélit et son site Internet : « Académie de Béarn ».

Accaparement : mise en œuvre, par une ou plusieurs personnes, de procédés tendant à contrôler l'écoulement d'un produit et à aggraver ou à provoquer sa pénurie à des fins spéculatives. La culture du risque est-elle un prétexte à l'accaparement des profits ?

Accélérateurs rhéostatiques : facteurs qui accélèrent la croissance en pouvant la faire varier et en réglant son intensité. C'est le domaine du bavardage des donneurs de leçons, des « ya qu'a » et des « faut qu'on ».
Trop de Français sont allergiques au mot « effort ».

Accélération (principe d') : phénomène économique traduisant le fait que la demande de biens d'équipement varie avec une amplitude plus forte que la demande finale de biens de consommation dont elle dérive. En mobilité urbaine, ne vaudrait-il pas mieux confondre vitesse et accélération que vitesse et précipitation ?

Accord général sur les tarifs douaniers et le commerce. *General agreement on tariffs and trade GATT* : accord général sur les tarifs et le commerce : Accord multilatéral conclu à Genève en 1947 sur les principes concernant les tarifs douaniers et les politiques commerciales des pays signataires. Sous l'égide de l'OMC, l'Organisation mondiale du commerce, ces accords ont évolué. En fait, les accords sont maintenant établis suivant une structure comprenant six parties : un accord-cadre (l'accord instituant l'OMC) ; des accords régissant chacun des trois grands domaines

d'échange (marchandises, services et propriété intellectuelle) ; le règlement des différends ; et l'examen de la politique commerciale des pays membres ; les accords multilatéraux et la renégociation de certains accords.
Un mauvais accord vaut-il mieux qu'une bonne querelle ?

ACCRE : aide aux demandeurs d'emploi reprenant une entreprise.

Accréditif : document par lequel une banque ouvre à un tiers un crédit d'un montant et pour une durée déterminés auprès d'une agence ou d'un correspondant.

Accroissement : en démographie, c'est le taux annuel d'augmentation de la population. On lui préfère le taux de reproduction qui rend mieux compte de la capacité de remplacement des générations successives.
En France, l'indice de fécondité (actuellement de 2,01 enfants/femme) souligne les désirs démographiques, le renouvellement de la population et offre la perspective pour la France de devenir dans 15 ans le pays le plus peuplé d'Europe. Ces désirs démographiques sont facilités par un soutien à la famille et à l'enfance, l'aide aux parents à concilier la vie familiale et la vie professionnelle : congés maternité, simplification des démarches de santé, civiques et éducatives (examen prénatal, déclaration de grossesse, accouchement, formation par puéricultrice), formation à la mission éducative des parents (livret de famille rénové, fiche synthétique des devoirs éducatifs parentaux), crèches, modes de garde, aide à la personne, transports, concentration de l'habitation, du travail et des loisirs par un urbanisme raisonné. (*Voir préconisations L'Embauchoir 2ème édition 2011, Max. Moreau, L'Harmattan).*

Accroissement : c'est la mesure de l'évolution d'une grandeur. « Ecart = valeur d'arrivée - valeur de départ ».

Accumulation : investissement net, c'est-à-dire, part de l'investissement qui excède l'amortissement.
L'avarice et la rapacité sont les moteurs de l'accumulation.

Achalandage : ensemble des personnes (chalands) qui entrent occasionnellement dans un magasin pour y effectuer des achats, attirés par l'emplacement du magasin ou son aspect accueillant. Différents de la clientèle attirée par la qualité du service rendu.
La zone de chalandise est le territoire sur lequel se trouvent les clients virtuels d'un magasin.

Achat (pouvoir d') : on appelle pouvoir d'achat d'une certaine somme de monnaie, la quantité de biens (et services) contre laquelle celle-ci peut être échangée. Comme le nombre de ces biens est, en général, très élevé, il y a autant de pouvoirs d'achat que de biens ou de groupes de biens.
L'évolution du Pouvoir d'Achat est donnée par le ratio :
Indicateur de Pouvoir d'Achat = Indice des Revenus/Indice des Prix x 100.
C'est ce qui explique l'inadéquation entre la publication de l'évolution du pouvoir d'achat et le ressenti de la population, (ce sentiment que la situation s'est dégradée malgré l'évolution positive du pouvoir d'achat).

Acompte : paiement anticipé et partiel imputé sur le montant d'une dette.
Quand il s'agit de sommes versées à l'avance, il n'est pas possible d'annuler un achat si un acompte a été versé. L'annulation est possible s'il s'agit d'arrhes.
Les malfaisants jouent sur l'ignorance du consommateur.

Acquisition : fait de devenir propriétaire de biens, services, ou droits. L'expression Fusions & Acquisitions, appelée *FUSAC* ou *M&A, Mergers and Acquisitions*, recouvre les différents aspects du rachat d'une entreprise par un acteur éco-

nomique, généralement une autre entreprise, dans les domaines de finance d'entreprise et de gestion d'opérations financières.
Dans le contexte économique actuel, les marchés sont plus prudents en matière de fusions-acquisitions en raison des incertitudes économiques liées au post-Brexit et aux pré-élections américaines.

Acquit : acte écrit par lequel le créancier donne au débiteur décharge de son engagement.

Actif net : ensemble des biens et créances appartenant au sujet économique. Ce qu'une entreprise possède : l'actif moins ses dettes.

Actifs : ils composent la population qui a un emploi et celle qui est au chômage.
Mais où sont passés les z'actifs ?

Actif circulant : ensemble des actifs correspondant à des éléments du patrimoine qui, en raison de leur destination ou de leur nature, n'ont pas vocation à rester durablement dans l'entreprise, sauf exceptions le plus souvent liées à des particularités d'activité.

Action : titre délivré au détenteur d'une fraction de capital d'une société pour constater ses droits d'associés.
Boursicoter, est-ce acheter la rumeur ou vendre la nouvelle ?

Activité économique : ensemble des actes par lesquels les hommes satisfont leurs besoins par la production, la distribution et l'échange de biens et de services. (Consommation des richesses dans une collectivité humaine).
A-t-elle toujours le but humaniste qui consiste à améliorer le niveau et le genre de vie ?

La mobilité économique exige la souplesse administrative et l'acceptation des hommes à se déplacer.

Actualisation : méthode de calcul économique consistant à ramener l'avenir à sa valeur actuelle.
Nous voulons que ça change dans tous les domaines, sauf le nôtre, bien évidemment.

Adéquation : rapport d'adaptation, d'équivalence et de convenance parfaites.
L'économie est peuplée d'inadéquations entre l'offre et la demande.

Administration : organisme accomplissant des tâches d'intérêt général dans un but non lucratif. Les Français, qui ne sont pas fonctionnaires, reprochent, à la fonction publique, sa lourdeur, son manque d'efficacité et les avantages qu'elle offre à ses membres, notamment la garantie de l'emploi. Malgré ces reproches, l'administration française (Etat, Sécurité sociale, collectivités territoriales, établissements publics,...) assure le bon fonctionnement de « L'Etat secourable »
Georges Clémenceau prétendait que la France est un pays extrêmement fertile : « On y plante des fonctionnaires. Il y pousse des impôts ».

Adresse* : un nom permettant d'identifier un nœud du réseau. Dans un réseau téléphonique, l'adresse est constituée par le numéro de téléphone.

Adresse IP* : sur Internet, chaque ordinateur connecté est identifié par une adresse qui lui est propre : l'adresse IP (Internet Protocole). Elle se compose de 32 bits, soit encore 4 octets qui peuvent se lire comme des nombres entre 0 et 255, par exemple « 125.32.217.4 ».

Ad valorem : locution qualifiant les impôts et droits assis sur la valeur des biens.

Affacturage : opération ou technique de gestion financière par laquelle, dans le cadre d'une convention, un organisme spécialisé gère les comptes « clients » d'entreprises en acquérant leurs créances, en assurant le recouvrement pour son propre compte, et en supportant les pertes éventuelles sur des débiteurs insolvables.

Agences de notation : donnent une note financière aux opérations, entreprises, banques, nations, qui va conditionner la confiance que les acteurs financiers leur accordent.
De « AAA » (très bonne solvabilité), la meilleure à « D », la plus mauvaise, situation de faillite de l'emprunteur.
Notation de dette ou *Rating*. Les 3 principales agences de notation financière, *Moody's, Standart & Poor's* et *Fitch Ratings*, sont devenues incontournables.
Les faillites sont davantage dues aux hommes qu'aux événements.

Agglomération : est définie comme une ville-centre (au sens administratif) munie de ses banlieues (entités administratives incluses dans la continuité urbaine) s'il y a lieu.

Communauté d'agglomération : établissement public de coopération intercommunale EPCI français à fiscalité propre, qui prévoit une importante intégration des communes membres, ensemble de plus de 50.000 habitants d'un seul tenant et sans enclave.

Agrégat : comptabilité nationale : Grandeur caractéristique de l'activité économique d'une société donnée, obtenue par sommation d'opérations élémentaires effectuées par les divers acteurs de l'économie. La valeur ajoutée d'une entreprise est un agrégat économique.

Notre esprit ne vit-il pas dans un océan d'agrégats ?

Agrément : autorisation de faire, accordée par l'administration.

Agriculture : culture, travail de la terre ; par extension production des plantes et des animaux utiles fournissant des denrées alimentaires et les matières premières d'autres industries. Les activités productives sont divisées en 3 grands secteurs : Agriculture, Industrie, Services. L'importance relative du secteur agricole tend à décroître à mesure que l'économie se développe, au profit de l'industrie et surtout des services.
La modernité spatiale et temporelle des pratiques agricoles, conduit à l'agriculture raisonnée de demain (respect de la nature, bio, automation, directe du producteur au consommateur, de proximité,...).
On ne pourra plus dire « Que l'agriculture manque de bras ! », d'une agriculture qui ne fait pas que pousser du blé et de l'oseille.

Agroalimentaire : relatif à la transformation par l'industrie des produits agricoles destinés à l'alimentation (lait et dérivés, viandes, produits de la mer, fruits et légumes, oléagineux comestibles, sucre, céréales, boissons, produits tropicaux,...).

Ajustement : correction d'une grandeur économique.
Le ministère des Finances est paré de ces ajustements habituels, pour revoir souvent à la baisse ses prévisions annuelles, en cours d'exercice.

Ajustement des cours : lorsqu'une opération financière est réalisée sur une action (division du nominal par exemple), le cours des actions s'ajuste pour tenir compte de cette opération.

Aléa : événement imprévisible venant perturber un programme ou une ... prévision.

Alea jacta est **:** « le sort en est jeté ». Paroles attribuées à César franchissant le Rubicon. S'emploie pour commenter une décision hardie, après des hésitations. *Allez ! on y va ! alea jacta est.*

Aléatoire : grandeur, élément qui peut prendre l'une des valeurs d'un ensemble défini de valeurs, selon une loi de probabilité. Stochastique.

Algèbre de Boole* : règles de calcul, inventées par George Boole en 1854, qui traduisent une pensée logique sous forme mathématique : « vrai/faux », « oui/non », « circuit ouvert/fermé » et, en binaire, « 0/1 ».

Algorithme* : c'est une suite de tâches élémentaires qui s'enchaînent selon des règles précises, sans place pour l'interprétation personnelle. Traduit dans un langage de programmation, il devient un programme informatique.

Algorithme éthique* : un principe de loyauté et de vigilance appliqué à tous les algorithmes et intégrant les impacts collectifs, et pas seulement personnels, de ces derniers. Tout algorithme, qu'il traite ou non des données personnelles, doit être loyal envers ses utilisateurs, non pas seulement en tant que consommateurs, mais également en tant que citoyens, voire envers des communautés ou de grands intérêts collectifs dont l'existence pourrait être affectée. L'intérêt des utilisateurs doit primer.
Escroc, éthiquement égaré !

Algorithme génétique* : il a pour but de trouver la meilleure solution à un problème compliqué. Il opère sur des ensembles de données codées, sous une forme déstructurée pour qu'elles puissent être traitées de manière similaire à un gène biologique formel (simple).

Algorithme glouton* : (*Greedy*) : est dit glouton lorsqu'il fait le choix de l'optimum local à chaque étape. Il choisit à chaque étape de continuer vers le voisin qui est le plus proche de la cible, dans le but de minimiser le nombre total d'étapes.

Alter-mondialisme : met en avant des valeurs comme la démocratie, la « justice économique et sociale », la protection de l'environnement et les droits humains. Il s'agit donc, pour ses acteurs, de concevoir et d'œuvrer à une mondialisation maîtrisée et solidaire, par opposition à la mondialisation actuelle ou mondialisme. Si cette idéologie marque le renouveau de la critique sociale, elle conserve toutefois l'empreinte du libéralisme.

Amazon Web Services AWS* **:** est une division du groupe américain de commerce électronique Amazon.com, dédiée aux services de *cloud computing* pour les entreprises et les particuliers.

Aménagement du territoire : ensemble de mesures destinées à assurer un développement équilibré des régions par une meilleure répartition des populations et des activités.
Avec l'obsession spatiale des aménageurs, de déconcentrer les zones d'habitation, des zones d'activités et des zones de loisirs, on favorise les embouteillages de trafic sur les réseaux de transports.

AMF : Autorité des marchés financiers ; elle est chargée du contrôle de la Bourse de Paris.

Amortissement : échelonnement d'une charge dans le temps jusqu'à sa disparition. Le but de l'amortissement est d'atténuer une charge. Ces charges résultent en général de la constatation de la dépréciation progressive d'une immobilisation afin d'être en mesure de la renouveler. Diverses sortes d'amortissements : réel, constant ou normal, décroissant, accéléré (qui améliore la trésorerie de l'entreprise et lui permet des initiatives plus importantes).

Amortissement de la dette publique : remboursement de la dette publique à terme fixe ou par annuité.
Le flux des déficits budgétaires provoque la dette qui représente une charge croissante jusqu'à son exécution : environ 100% du PIB en 2018, soit 2 milliards 300 millions d'euros pour la France.
Raymond Barre, professeur réputé, économiste reconnu, fut le dernier Premier ministre à faire voter un budget en équilibre en 1974, ne renonçant jamais aux équilibres fondamentaux (Recettes budgétaires annuelles / Dépenses annuelles budgétaires = 1), malgré les effets récessifs du premier choc pétrolier. Depuis et jusqu'ici, renonçant à cette règle fondamentale, précipitant la nation dans le marasme économique, rejetant les difficultés sur la génération suivante, les divers gouvernants ont ignoré le florilège des mises en garde au sujet de la dette publique :

- Le déficit et la dette sont les cicatrices d'une nation à la dérive.
- Une dette pour l'homme libre est une servitude cruelle.
- Les dettes ne se laissent pas payer par les dettes.
- Plus la dette s'accroît, plus la volonté et la possibilité d'y satisfaire s'éloignent.
- Les mots ne paient pas les dettes.
- Les dettes, c'est souvent le commencement de la ruine.
- Une dette, une plaie et le feu ne doivent pas s'éterniser.

Amortissent pour dépréciation : constatation comptable d'un amoindrissement de la valeur d'un élément d'actif résultant de l'usage, du temps, de changement de technique ou de toute autre cause. En raison des difficultés de mesure de cet amoindrissement, l'amortissement consiste généralement, dans l'étalement, sur une durée probable de vie, de la valeur des biens normalement amortissables. Cet étalement prend forme d'un plan d'amortissement. Il peut être calculé suivant diverses modalités.

Amortisseur de risque : dispositif servant à amortir et à diminuer les conséquences d'un risque.

Analyse coût-avantage : c'est la logique de la mise en œuvre qui passe par 5 étapes : 1. L'identification des effets. 2. La quantification des effets. 3. La monétarisation des effets. 4. L'agrégat des effets. 5. L'analyse de sensibilité.
Tout dernièrement encore, on peut constater que nombre de décisions publiques sont allées à l'encontre des résultats d'études coût-avantage.

Analyse des comportements économiques : bien que ses relations avec les sciences du comportement soient complexes, l'économie est citée comme une des sciences du comportement avec la psychologie, la sociologie et l'anthropologie. Les études du comportement du consommateur, les enquêtes sur échantillons à base d'entretiens, les mesures des anticipations, ont servi à maintes occasions, et avec succès, à prévoir les principales catégories de dépense et l'évolution de l'ensemble de l'économie. De nombreuses études économiques n'appartiennent pas au domaine des sciences du comportement, parce qu'elles portent sur les ressources, les marchés ou les institutions plutôt que sur le comportement des individus. Un besoin continue de s'affirmer : la nécessité de réaliser des études empiriques dont les hypothèses s'appuient à la fois sur la théorie économique et sur la théorie psychologique et sociologique en forte mutation à l'ère du numérique.

L'analyse économique est alors, l'application à la réalité économique de la méthode scientifique de décomposition en éléments plus appréhendables que le tout, en vue de les insérer dans un schéma explicatif.

Analyse quantitative : gestion de portefeuille utilisant des modèles économiques d'allocation d'actifs et de gestion de portefeuille.

Andromède* : est le nom de code du projet initial de « *cloud* souverain » lancé à l'initiative du gouvernement français en 2011, pour initier un grand partenariat public-privé » dans le *cloud computing*. Un désastre !

Annualité : principe de droit budgétaire assignant le cadre d'une année aux autorisations de dépenses, aux prévisions de recettes et à l'exécution du budget. (Acte par lequel sont prévues et autorisées les recettes et les dépenses annuelles de l'Etat ou des autres services que les lois assujettissent aux mêmes règles).
Les budgets sont toujours conçus dans une perspective de stabilisation à terme de la dette publique. A l'usage, ils se déséquilibrent. Voilà tout !

Anticipation : fait d'exécuter ou d'imaginer une chose à l'avance.
En économie politique, les anticipations des agents économiques sont les hypothèses, pessimistes ou optimistes, sur lesquelles ils fondent leurs prévisions, voire leurs calculs pour aboutir à une décision.
En économie financière, les crédits d'anticipation désignent les investissements engagés en période de crise pour relancer l'économie, dans la mesure où on les considère comme financés par anticipation sur les excédents budgétaires de la prochaine phase de prospérité.

Dans le commerce, la vente par anticipation (*lay-away*) consiste, pour l'acheteur, à verser, en une ou plusieurs fois, le prix partiel ou total d'un bien avant que celui-ci ne lui soit remis.
Associée à la vente à tempérament (automobile, appareils ménagers).
L'anticipation est la matrice de l'espoir.

Antisystème : personnes, groupes ou partis politiques portant un discours critiquant les institutions politiques dominantes.

Apport : contribution à la création ou à l'augmentation des moyens d'activité d'une société donnant droit à une participation à son capital ou à ses bénéfices.
Apport en numéraire pour la création ou l'augmentation du capital social. Apport en nature : suit le même régime que les versements en numéraire. Apports en industrie (parts de fondateurs,...).

Arbitrage : pratique consistant à tirer un profit très faible, mais certain, des légères différences temporaires de prix entre deux actifs similaires. Le compromis d'arbitrage, n'est-il pas trop souvent dépendant d'un choix arbitraire pour couper la poire en deux au moyen d'un casse-noix ?

Argent : monnaie. Moyen de paiement. Instrument de mesure et d'échange des biens réels.
« On fait tout avec de l'argent, excepté des hommes ».
Auguste Detoeuf.
« L'argent mène à tout, à condition d'en sortir beaucoup ». Pierre Dac.

Argumentaire : documentation mise à la disposition des vendeurs d'un bien ou d'un service et contenant l'ensemble des arguments de nature à provoquer l'achat de ce produit

ou de ce service, ainsi que les réponses aux objections susceptibles d'être soulevées par l'acheteur éventuel.
Il tutoie l'excellence quand il arrive à convaincre le client éventuel de l'impérieuse nécessité d'acheter un produit ou un service dont il n'a absolument pas besoin (acheteur compulsif).

Arrhes : somme d'argent remise par l'acheteur au vendeur en garantie du marché lors de la commande.
Voir précédemment « Acompte » pour juger leur différence.

Arrondi* : un nombre réel, par exemple 1/3, est en général pas exactement représentable par un nombre flottant. Il faut choisir entre les deux nombres flottants l'encadrant, ici, 0,33333 ou 0,33334.

Artisan : agent économique indépendant produisant pour le marché en apportant lui-même son capital et son travail avec l'aide de membres de sa famille ou d'un nombre restreint de compagnons.

***Asset management* :** c'est la gestion d'actifs.

Assiette : fiscalité : Identification et évaluation de la matière imposable. Le malade fiscal ne peut trouver une bonne assiette.

Association : groupement de personnes qui s'unissent en vue d'un but déterminé. Terme qui rappelle le mariage : débute par des compromis, s'achève par la résignation.

Assurance : fonction économique dont la finalité est de permettre l'indemnisation des dommages survenus aux biens ou aux personnes, grâce à la prise en charge d'un ensemble de risques et leur compensation. Par extension : secteur regroupant les entreprises assurant cette fonction.

L'assurance, ce sentiment de confiance, n'est-il pas parfois trop excessif face aux Assurances ?

Atome* : un atome est constitué d'un noyau concentrant plus de 99,9% de sa masse, autour duquel se distribuent les électrons pour former un nuage 40.000 fois plus étendu que le noyau lui-même. Ce dernier est constitué de protons, chargés positivement, et de neutrons, électriquement neutres.

Atypique : qui n'a pas de type déterminé permettant une identification, un classement.
Je suis un atypique dans une société atypique.

Autarcie : régime économique d'un pays se suffisant à lui-même et n'effectuant avec les autres aucun échange.
L'écologie et l'autarcie semblent converger. Comment, dans ces conditions, insérer l'écologie dans l'économie mondiale qui promeut les échanges ?

Autocentré : se dit du développement d'un pays, fondé sur ses propres ressources matérielles et humaines et ne faisant pas appel à l'extérieur, notamment à l'échange international (exemple : Politique économique du Président des USA).

Autoconsommation : consommation finale de biens et services par leur producteur.
L'autoconsommation se développe en agriculture dans la mise au point de cultures innovantes, dans des exploitations de dimension modeste à vocation polyvalente, dans l'agriculture urbaine, dans le photovoltaïque résidentiel, entre autres.

Autodidacte : qui s'est instruit lui-même, sans maître.
A ne pas confondre avec une conduite intérieure tchèque.

Auto-entrepreneur : depuis le 1er janvier 2009, le régime d'auto-entrepreneur permet à tous les Français de créer leur propre entreprise simplement et rapidement. Avantageux sur les plans social, déclaratif et fiscal (remplacement de toutes les cotisations sociales et tous les impôts et taxes par un versement unique proportionnel au chiffre d'affaires), il porte préjudice à l'artisanat dans certains secteurs d'activité.
Mais il met aussi le pied à l'étrier pour se lancer.
A l'œuvre, on connaît l'auto-entrepreneur.

Autofinancement : financement par un agent économique de ses investissements à l'aide de ses propres ressources.
Il est vertueux car il protège les actionnaires des risques de l'endettement excessif, mais il fragilise aussi l'entreprise car il réduit la marge de manœuvre de la trésorerie et, sur le long terme, diminue parfois la valeur de l'entreprise.

Autogestion : régime d'organisation et de fonctionnement d'une structure d'entreprise dans laquelle la gestion est assurée par l'ensemble des travailleurs.
L'expérience controversée de la Yougoslavie socialiste illustre les problèmes que pose l'autogestion :

- Au niveau de l'entreprise, elle exige une participation active des travailleurs, ce qui suppose un niveau de culture et de conscience élevé, ainsi qu'un grand sens des responsabilités.
- Au niveau de la communauté sociale se pose le problème des relations équilibrées entre les organisations autogérées.

Automation : exécution automatique de tâches industrielles, administratives, scientifiques sans intervention humaine intermédiaire. L'automation a des effets sur l'investissement en biens d'équipement, les conditions de travail et l'emploi (destruction d'emplois peu qualifiés, augmentation d'emplois qualifiés. A long terme, la demande d'emploi s'est accrue malgré les effets indirects sur la compétitivité qui aboutit à des fermetures d'usines).

Autonomie : fait de se gouverner par ses propres lois. Droit pour l'individu de déterminer librement les règles auxquelles il se soumet. Malgré toutes les exhortations à la solidarité et à la sociabilité, le sentiment de son autonomie chez l'homme ne reste-t-il pas primordial ?

Autorité : pouvoir d'agir, de faire agir autrui. Droit de diriger, d'imposer ses décisions à d'autres personnes. Fait d'agir sans rendre de comptes à personne. Pour autant que l'action soit conforme à la stratégie et à la politique de l'entreprise ou aux plans approuvés, ou qu'elle ne soit pas opposée à ceux-ci.
Pour qu'elle soit respectable, l'autorité doit être mesurée. Trop de rigueur la détruit.

Aval : acte par lequel un tiers, distinct du tiré, du tireur et des endosseurs, garantit le paiement à échéance d'un effet de commerce. Un aval sur un effet de commerce a une triple garantie : pour le tireur-porteur, il consolide l'effet qu'il détient et facilite sa mobilisation ; au tiré (débiteur), il permet de faire appel plus aisément au crédit des banques ; pour le donneur d'aval, il est un engagement par signature qui n'entraîne pas pour lui de sortie de fonds (sauf en cas de non-paiement à l'échéance). Obtenir un aval, c'est se situer en amont des difficultés de trésorerie.

Avoir : ce que possède une personne. Par extension : rubrique de comptabilité sous laquelle ses biens, ses recettes ou ses créances sont enregistrés.

Avoir fiscal : partie du dividende d'une valeur mobilière versée directement au fisc par la société émettrice, portée comme revenu sur la déclaration d'impôts, puis déduite de l'impôt brut. Pour certains gouvernants, la corruption tient lieu de fiscalité.

3. B

Babyboom : augmentation brusque et importante de la natalité.

Back Office : opérations administratives et comptables liées aux opérations boursières : chaque Banque possède son service de Back Office.

Bail : contrat par lequel le propriétaire d'un immeuble (le bailleur) en concède la jouissance à un tiers (le preneur), pour une durée et à un prix limités.
Le bail commercial concerne un immeuble ou local affecté à l'usage d'un commerce. Le bail d'habitation concerne un local affecté exclusivement à l'habitation du preneur et de sa famille. Le bail à construction est régi par une loi du 16 décembre 1964, contrat par lequel le preneur s'engage à édifier des constructions sur le terrain du bailleur et à les conserver en bon état d'entretien durant toute la durée du bail.
Les baux ruraux : baux d'une terre affectée à la culture : bail emphytéotique, fermage ou métayage.
La vie est un long bail, pas toujours tranquille.

Balance : état récapitulatif et périodique regroupant à un moment donné les totaux et les soldes de comptes créditeurs et débiteurs pour permettre l'appréciation synthétique de leurs résultats. La balance hésite-t-elle toujours entre le pire et le meilleur ?

Balance commerciale : solde entre les valeurs d'exportations et d'importations de biens et services marchands (retrace l'ensemble des relations économiques).

Balance des paiements : compte statistique retraçant l'ensemble des opérations intervenues au cours d'une période donnée, entre un pays et l'extérieur.

Balance matières : comptes d'emplois et de ressources des biens, établis en unités physiques (et non monétaires). Technique utilisée notamment dans la planification soviétique.

Bande passante* : capacité de transmission d'une liaison de transmission, c'est-à-dire la quantité d'informations qui peut être transmise chaque seconde, (en bits par seconde).
1 Mbits/s pour 1 million de bits par seconde.

Banque : entreprise qui fait profession habituelle de recevoir du public, sous forme de dépôt ou autrement, des fonds qu'elle emploie pour son compte en opérations d'escompte, en opérations de crédit ou en opérations financières.
La digitalisation bouleverse le secteur bancaire : (relationnel différent, mobilité, smartphones, tablettes tactiles, réduction d'agences).

Banquier : « Individu en liberté surveillée ».
Savez-vous quelle est la différence entre un banquier et un moineau ? Le moineau, lui, s'arrête parfois de voler.
Ami au prêteur, ennemi au rembourseur.

Banque centrale européenne, BCE : banque investie des fonctions d'émission de la monnaie et de modulation directe ou indirecte de la quantité et du coût du crédit dans le cadre de l'Euro-groupe. Responsable de la gestion de l'euro, elle lutte contre l'inflation.

Banque de données : Ensemble d'informations relatives à un domaine de connaissance économique qui est stocké, centralisé, traité par ordinateur et tenu à la disposition d'utilisateurs.

Banque française du commerce extérieur, BFCE : Banque créée par l'Etat français et chargée de faciliter le financement des opérations de commerce extérieur.

Banque mondiale : elle joue un rôle important dans le dispositif d'aide au tiers-monde. A la suite des différentes crises financières récentes, sa mission a été redéfinie pour qu'elle joue un rôle majeur dans l'économie mondiale.
Le pragmatisme local n'est-il pas plus nécessaire à la croissance économique que l'appréciation des experts de la Banque mondiale ? La connaissance économique est un livre, le bon sens, une bibliothèque.

Banqueroute : situation de cessation de paiement résultant de fautes du débiteur et déclarée par les tribunaux.
La banqueroute, c'est quand les créanciers saisissent les comptes bancaires du débiteur et qu'il a caché sa fortune dans un paradis fiscal.

Base : comptabilité nationale : Ensemble des comptes d'une année de référence utilisés pour l'établissement d'une série temporelle de comptes. Plus les chiffres sont acides, plus la base réagit.

Base d'imposition : quantité de matière imposable.
Donne la migraine au contribuable.

***Beacon** :** capteurs qui pourraient bien révolutionner le e-commerce. Ces émetteurs Bluetooth à basse consommation envoient des notifications aux smartphones présents dans leur périmètre. Utilisés dès fin 2013 par Apple dans ses 250

Apple Store américains, ils envoient bons de réduction, messages de bienvenue, cartes cadeaux ou informations additionnelles directement sur le portable des consommateurs, au fil de leur passage en magasin.

Béarnais : un Béarnais ne ment jamais. Il lui arrive, parfois, de ne pas dire toute la vérité. Il n'est pas avare mais économe, bien qu'individualiste, il est serviable et solidaire et, s'il est traditionaliste, c'est pour mieux marquer sa tolérance. Peut-être un peu roublard mais tellement honnête, s'il ne dit pas non, c'est qu'il répugne à faire de la peine.
Malgré tout, il a la volonté de s'engager en faveur de projets d'intérêt collectif.
Béarnais ! Nous partageons la solitude des cimes, le mugissement des cascades, la plénitude des coteaux, l'azur du « ceü de Pau », le bruissement de la treille au vent d'Espagne, le goût mystérieux de la garbure et du foie gras, le fruité d'un Jurançon moelleux, la coutume de la « palombite », le malicieux humour patois, et, par-dessus tout, la passion du terroir.

Béhaviourisme : école de pensée préconisant l'étude des phénomènes économiques en tant que phénomènes de comportement (*behaviour*), par analogie avec les écoles béhaviouristes en psychologie et en sociologie.
Le string est un comportement, pas une culotte.

Benchmarking : appelé en français Parangonnage ou évaluation comparative, est une technique marketing ou de gestion de la qualité qui consiste à étudier et à analyser les techniques de gestion, les modes d'organisation des autres entreprises afin de s'en inspirer et d'en tirer le meilleur.

Bénéfice : produit net d'une entreprise au terme d'un exercice, déduction faite de ses frais généraux, de ses charges ainsi que de tous les amortissements de l'actif social, de

toutes les provisions pour risques commerciaux et industriels.
Le contribuable travaille au bénéfice de l'Etat sans être forcément un fonctionnaire.

Bénéfices industriels et commerciaux, BIC : ils sont fiscalement imposables au titre de l'impôt sur le revenu.

Bénévolat : situation d'une personne animée de dispositions favorables et dotée d'une influence bienfaisante, qui accomplit un travail gratuitement sans y être obligée.
Ce n'est pas le bénévolat qui crée l'obligation, mais l'obligation qui suscite le bénévolat.
Le bénévolat masque nos infirmités sociétales.

Besoin : ce qui est nécessaire, indispensable pour satisfaire une nécessité. Désir de disposer d'un moyen (biens ou services) de faire cesser (ou diminuer) une sensation désagréable ou d'accroître une sensation agréable. Le luxe nourrit un besoin de nécessité en assouvissant le désir du superflu ou de l'inutile.

Besoin de financement : comptabilité nationale : Appellation donnée au solde du compte de capital d'un agent lorsqu'il apparaît en ressource de ce compte (c'est-à-dire au passif).

Besoin en fonds de roulement : c'est le programme (hors taxes) à financer : renouvellement courant, accroissement du fonds de roulement, remboursement des crédits antérieurs.

***Bêta** ** : c'est la préversion d'un logiciel, d'un site, d'une application. Pas encore commercialisée, elle est en phase de test. Les entrepreneurs disent souvent : « Le projet est encore en *bêta* mais nous avançons dessus ».

Biais : élément susceptible de rendre un fait non représentatif. En statistique, c'est la distorsion entre la mesure d'une variable statistique et la valeur réelle de la grandeur à apprécier.

Bibliothèque* : au contraire d'un programme, qui est une entité qu'on peut directement exécuter, une bibliothèque est une sorte de « boîte à outils », un ensemble de fonctions effectuant une tâche bien précise qui peuvent être intégrées à un programme (X Windows System).

Bien : tout ce qui est né d'un effort, qui a la capacité de satisfaire un désir ou un besoin. Produit matériel de l'activité économique. Trois conditions constitutives sont nécessaires :

1. L'existence d'un besoin ou d'un désir.
2. Les moyens de les satisfaire.
3. La nécessité d'un effort, d'un coût de production.

Bien-être : situation matérielle qui permet de satisfaire les besoins de l'existence. L'économie du bien-être fait référence à l'analyse et à la recherche économiques.
On se perd à chercher le bien-être économique durable, alors qu'il est fugitif, éphémère.

Bien mal acquis : tout bien, meuble ou immeuble, tout avoir ou fonds susceptible d'appropriation privative soustrait illégalement du patrimoine public et qui a pour effet d'appauvrir le patrimoine de l'Etat (détournements par des dictateurs et leur entourage : enjeu de récupération de ces sommes).

Big Data* : méga-données (données massives), désigne des ensembles de données devenus si volumineux qu'ils dépassent l'intuition et les capacités humaines d'analyse et même celle des outils informatiques classiques de gestion de base de données ou d'informations. Les bienfaits de la révolution numérique sont fantastiques. Le traitement par des algorithmes puissants de milliards de données laissées sur Internet (Amazon, Facebook,...) nous rend transparents et nous assujettit à ces plateformes (données personnelles).

Bilan : c'est l'ensemble résumé de la situation financière de l'entreprise, à un moment donné, comportant une état de passif (ce qu'elle doit) et d'actif (ce qu'elle possède). C'est la photographie de la situation de l'entreprise à un instant donné. Pour apprécier sa valeur, le bilan de l'entreprise est incomplet : capacité des salariés, parts de marché, importance de la recherche, réputation..., dans la constance du changement !

Bilatéralisme : situation dans laquelle deux pays s'accordent un traitement préférentiel pour leurs paiements et leurs relations commerciales qu'ils s'efforcent d'équilibrer...un miracle éphémère en équilibre !

Biotechnologies* : c'est l'application des principes scientifiques et de l'ingénierie à la transformation de matériaux par des agents biologiques pour produire des biens et services.

Bipolarisation : tendance à l'organisation de la vie économique autour de deux puissances, deux blocs souvent opposés. Concentration vers deux pôles dominants qui s'opposent pour la prise du pouvoir économique, au détriment du pluralisme, du multilatéralisme.

Bit* : mot construit à partir de *binary digit*, « chiffre binaire ». Unité élémentaire d'information qui peut prendre deux valeurs : 0 ou 1. C'est la plus petite quantité d'information que peut mémoriser un ordinateur.

Bitcoin* : contraction entre *bit* (unité d'information binaire) et *coin* (pièce de monnaie). Le bitcoin est une monnaie nou-

velle génération inventée par Satoshi Nakamoto en 2008. Première monnaie électronique décentralisée, elle est composée de bitcoins : des unités monétaires virtuelles, qui peuvent être échangées sur Internet. Les avantages sont multiples. Etant un échange d'argent direct sans intermédiaire bancaire, les frais sont moindres. C'est une monnaie universelle. Il est à la Banque ce que l'e-mail est à la Poste !
De nombreux commerçants les utilisent déjà.
Ces crypto-monnaies pourraient déclencher la prochaine crise financière si elles deviennent un risque systémique pour le système financier (énorme capitalisation boursière).
La bulle bitcoinesque est-elle dans l'air du temps ?

Blanchiment : le blanchiment d'argent est un élément des techniques de la criminalité financière. C'est l'action de dissimuler la provenance d'argent acquis de manière illégale (spéculations illégales, activités mafieuses, trafic de drogue, d'armes, extorsion, corruption, fraude fiscale...) afin de le réinvestir dans des activités légales.

Blockchain* : c'est une liste sans cesse croissante d'enregistrements, appelés blocs, qui sont liés et sécurisés en utilisant la cryptographie. Chaque bloc contient généralement un hachage cryptographique du bloc précédent, un horodatage et des données de transaction. Par conception, une *blockchain* est intrinsèquement résistante à la modification des données. C'est un registre ouvert et distribué qui peut enregistrer les transactions entre les deux parties de manière efficace et vérifiable et permanente.

Boucle de rétroaction : *feedback*. La répétition de la réaction (réaction itérative) entraîne son amplification continuelle (cercle vertueux ou vicieux, selon que cette amplification est jugée favorable ou non), dans le cas de rétroaction positive, son extinction positive ou non (avec pompage ou non) en cas de rétroaction négative.

Une boucle de rétroaction est un dispositif qui lie l'effet à sa propre cause, avec ou sans délai.

Bouclier fiscal : c'est le taux maximal d'imposition en France. Il a été mis en place afin de limiter l'exode de certains français fortement imposés vers des pays à fiscalité réduite.

Boom : augmentation brutale du volume des transactions provoquée par une intensification de la demande.
Alors, vieux, en plein boom ?

Bot **:** Petit programme de robot logiciel, qui peut réaliser automatiquement des tâches.

Bourse des valeurs : marché public organisé et spécialisé où sont effectuées les opérations d'achat et de vente des valeurs mobilières introduites par leurs émetteurs ou proposées par leurs détenteurs. Assurées par des intermédiaires professionnels, les transactions portent sur les titres admis à la cote. (Opérations au comptant et opérations à terme).
Le rôle du marché primaire est d'assurer la rencontre directe entre les nouveaux épargnants et les agents économiques (entreprises, Etat, organismes publics) recherchant des fonds.
Les liquidités en Bourse n'ont pas un caractère leste.

Boutique-choc : *Baby shark*. établissement de dimension restreinte (120 à 200 m2), généralement situé en ville, vendant des produits alimentaires et des articles divers de première nécessité, pratiquant un horaire largement ouvert, et caractérisé, d'une façon générale, par une politique commerciale dynamique (ou agressive). Aux USA, réduit par les géants du Net, et un retour aux magasins de proximité en centre-ville, un système qui touche la France au bénéfice des boutiques-choc affiliées aux grandes surfaces et qui redynamise les centres-villes.

Boycott : attitude collective de refus systématique d'entretenir des relations économiques avec une personne, un groupe de personnes ou un Etat dans le dessein d'exercer sur eux une pression ou des représailles.
Dans les relations internationales, son application se révèle difficile, ses conséquences sont limitées et il peut avoir parfois un effet boomerang. Son efficacité est ainsi amoindrie.
Boycottons la quarantaine !

Branche : comptabilité nationale : Ensemble des unités de production homogène créant une même catégorie de produits de la nomenclature.
La branche productrice n'a pas de ramification latérale en contradiction avec la branche arboricole.

Branchement* : une instruction de branchement est un point dans la séquence d'instructions d'un programme pour lequel l'instruction suivante n'est pas forcément celle qui suit dans la mémoire d'instructions. Ces instructions sont de deux types : branchement inconditionnel (instructions *go* ou *jump*) ou conditionnel (des clauses de type *ifthen-else*).

Brevet : titre délivré par un gouvernement à un inventeur ou à ses ayants droit en vue de conférer et de protéger les droits de propriété relatifs à une invention nouvelle ayant un caractère industriel ou autre, et à son exploitation. La loi de 1968 vise à donner au brevet français une valeur internationale accrue. La généralisation de la protection internationale des droits des inventeurs s'est traduite par le développement des échanges internationaux portant sur les ventes, les achats de brevets, et les licences d'exploitation.
A ce jour, seule, l'intelligence n'est pas brevetable.

BYOD*, Bring your own device : abréviation de l'anglais (« apportez vos appareils personnels ») ; en français PAP (« prenez vos appareils personnels ») de communication, est une pratique qui consiste à utiliser ses équipements personnels (smartphones, ...).

Budget : état prévisionnel et limitatif, sanctionné par une décision le rendant exécutoire et l'assortissant de force contraignante, des dépenses et des recettes à réaliser au cours d'une période donnée par un individu, un ménage ou une collectivité. Le budget de l'Etat est un document retraçant l'ensemble des recettes et des dépenses de l'Etat pour une année civile (1er janvier, 31 décembre).
Déséquilibrer un budget est une extravagance qui conduit à l'endettement pervers.

Budget jeunes : les banques offrent une offre calibrée dès le berceau afin de fidéliser une clientèle jeune. De même les entreprises s'appuient sur les jeunes dans les choix de consommation de la famille.

Burn-out : syndrome d'épuisement professionnel, combine une fatigue profonde, un désinvestissement de l'activité professionnelle et un sentiment d'échec et d'incompétence dans le travail. Considéré comme le résultat d'un stress.
Dans mon dictionnaire facétieux, « *Burn-out* » vient avant « Réussite ». Ne peut-on inverser l'ordre chronologique pour résister au *burn-out ?*

Business model **:** le modèle d'entreprise, modèle d'affaires ou *business model*, est la représentation systémique et synthétique de l'origine de la valeur ajoutée d'une entreprise et de son partage entre les différentes parties prenantes, sur une période et pour un domaine d'activité clairement identifiés.
C'est le concept qui permet à une entreprise de gagner de l'argent. A ne pas confondre avec le *business plan* ou plan d'affaire, qui est la déclinaison concrète, opérationnelle et chiffrée du *business model.*

4. C

CAC40 : cotation assistée en continu. cette cotation assistée en continu est un indice boursier parisien, entièrement informatisé et calculé sur la base de 40 entreprises parmi les plus représentatives.

Caisse : lieu où sont détenues les espèces (billets et monnaies divisionnaires). Comptabilité : compte retraçant les opérations effectuées en espèces (ou numéraire).
A fond la caisse n'évoque pas les fonds qui sont en caisse.

Caisse des dépôts et consignations : établissement public autonome créé par la loi du 28 avril 1816 pour gérer les fonds placés en dépôt ou en consignation. Elle intervient notamment sur le marché des capitaux sous trois formes : prêts, obligations, actions.

Calcul à coûts constants : calcul dans lequel les quantités sont valorisées sur la base du coût unitaire constaté pour une année de référence donnée.

Calcul économique : ensemble de techniques utilisées pour formaliser les choix économiques. Marquées par les théories marginalistes et la recherche de l'optimum, elles facilitent la modélisation et la simulation. La course à la sophistication mathématique néglige trop souvent les motivations et les comportements humains.

Pour rendre performant le calcul économique public, il est judicieux d'y intégrer les coûts sociaux et sociétaux et la prévisibilité des changements de comportements. (Incertitudes sur les impacts et causalités des éléments non marchands, écologiques, l'équité et l'acceptabilité).

***CapEx** :* à l'ère du *cloud*, les infrastructures peuvent désormais être comptabilisées par des entreprises comme des *CapEx* ou des *OpEx*.

Capital : patrimoine possédé susceptible de rapporter un revenu. L'imagination est le capital de l'avenir.

Capital social : ensemble de sommes mises de façon permanente à la disposition d'une société par les propriétaires ou associés sous forme d'apports.

Capitalisme : régime fondé sur la dissociation entre les propriétaires des moyens de production, qui les utilisent en vue de la réalisation d'un profit, et les travailleurs qui les mettent effectivement en œuvre moyennant le versement d'un salaire, rémunérant leur force de travail.
Malgré sa plasticité aux bouleversements de la globalisation planétaire, la faiblesse du système économique et social capitaliste est qu'il repose sur le postulat que l'homme est un être raisonnable, désintéressé, altruiste et généreux, oublieux des passions égalitaristes, que les propriétaires du capital font preuve d'humanité bienveillante sans rechercher les privilèges et que la supériorité de l'autorégulation des marchés sur la régulation étatique est un dogme immuable.
A l'évidence, une remise en question s'impose...

Capitaux permanents : fonds mis à la disposition de l'entreprise de façon permanente ou durable.

Cartel : entente réalisée entre des entreprises indépendantes les unes des autres en vue de limiter ou de supprimer le risque de concurrence. La constitution d'un cartel n'est possible qu'entre entreprises importantes fabriquant les mêmes produits et représentant une part prépondérante de la branche économique. La motivation du cartel est la maximisation du profit. Quand elle ne peut atteindre la taille monopolistique, l'entreprise se contente de constituer un cartel.

Cash flow **:** différence entre les recettes courantes et les dépenses courantes de l'entreprise. « Flux d'argent liquide ».
Le *cash flow* brut comprend le bénéfice net, l'amortissement et les provisions non exigibles. Le *cash flow* net comprend le bénéfice net après impôts et les provisions non exigibles.
Un ami industriel béarnais l'appelle le « cache flouze », expression argotique synthétique.

Causalité : rapport de la cause à l'effet qu'elle produit.
Cessante causa cessat effectus, plus de cause, plus d'effet. Argumentation logique. Un effet sans cause est un oxymoron.

Caution, cautionnement : engagement pris pour une personne ou une entité de satisfaire à une obligation souscrite par une autre personne ou une autre entité, en cas de défaillance de celle-ci. Dans le cas de faillite, la caution minimise la perte du créancier.

CDI : Contrat de travail à durée indéterminée.

Centre d'analyse : division de l'unité comptable où sont analysés les éléments de charges « indirectes » préalablement à leur imputation aux coûts de produits intéressés.
Les opérations d'analyse comprennent :
- l'affectation des charges qui peuvent être directement rattachées aux centres ;

- la répartition entre les centres des autres charges qu'ils doivent prendre en compte ;
- la cession de prestations entre centres.

Au terme de ces opérations, le coût de chaque centre d'analyse peut être imputé au coût à l'aide d'une « Unité d'œuvre ». Les centres d'analyse comprennent les centres de travail et les sections.

Centre commercial : grande surface de vente rassemblant plusieurs commerces et comprenant un parc de stationnement. *Shopping center.*
Evolution probable : voir Boutique-choc.

Centre français du commerce extérieur, CFCE : établissement public chargé de stimuler le développement des exportations. Mieux vaut un expert en marketing sur le terrain qu'un statisticien à Paris.

CESE : Conseil économique, social et environnemental.

***CHALLENGE* :** défi, provocation. Mot intéressant : ancien français « chalenge » = réclamation en justice. En anglais « *challenge* » = défi, puis retour au français dans le sens de la compétition sportive. Défi d'une épreuve économique à relever à la fin du XIXème siècle, et de nos jours dans le sens original anglais de défi de tout ordre, pas seulement économique, sous l'influence de la mode journalistique, anglomaniaque. Ne dit rien de plus ni de mieux que « défi ».
Pour ton plus grand challenge, ce n'est pas l'ascension de la pyramide qui t'épuise, mais le caillou dans la chaussure qui t'agace.

Change : les taux de change désignent le prix d'une monnaie exprimée dans une autre monnaie.

Changement social : depuis un demi-siècle, les changements majeurs de la société française ont concerné la structure de la population active (fin des paysans, ralentissement de l'industrie), les modes de vie (famille, consommations), les valeurs culturelles, les bouleversements de la mondialisation (chômage, numérique).
En France, la population est favorable au changement, mais le citoyen déteste le changement.

Charges (comptabilité générale) : les charges comprennent les sommes versées ou à verser :
Soit en contrepartie de marchandises, approvisionnements, travaux et services consommés par l'entreprise ainsi que des avantages qui lui ont été consentis. Soit en vertu d'une obligation légale que l'entreprise doit remplir. Soit exceptionnellement sans contrepartie.
Pour la détermination du résultat, sont également considérées comme des charges :

- les dotations aux amortissements qui sont la consommation partielle d'immobilisations ;
- la valeur comptable des éléments d'actifs cédés, détruits ou disparus ;
- les charges et pertes probables ou dotations aux dépréciations et provisions.

Charges (comptabilité analytique) : éléments de coût introduits dans le réseau d'analyse d'exploitation.

Charges sociales : ensemble des versements en espèces ou en nature des entreprises, des ménages et des administrations, qui sont liés au salaire, mais ne constituent pas la contrepartie directe du travail fourni.
Les cotisations sociales sont souvent appelées, d'une manière impropre, charges sociales. En 2018, les cotisations sociales salariales vont être allégées par la disparition, en deux temps, des assurances maladie et chômage.

Les charges sont de merveilleux malheurs, tant pour l'employeur que pour le salarié.

Charte déontologique : propose une régénération morale adaptée au monde économique moderne.
On exprime les devoirs d'une profession ou d'un métier par une charte déontologique, quand on a épuisé toutes les excuses, les justifications, les dérobades, les prétextes et les scrupules concernant des actions blâmables ou répréhensibles.
Bonne renommée vaut mieux que Légion d'Honneur.

Charte des devoirs de l'homme : règles fondamentales fixant l'obligation morale définie par un système moral accepté de tous les hommes dans leurs différents rôles, charges et circonstances. Charte calquée sur celle des droits de l'homme, mais qui impose plus de devoirs à l'homme qu'elle ne lui confère de droits, devoirs du citoyen envers ses semblables, l'entreprise, l'Etat, et envers la société.
Préconisation formulée dans *L'Embauchoir, Max Moreau, L'Harmattan, 1ère édition, 1996.*

Cheval de Troie* : (*trojan horse*) : programme informatique, limité à quelques lignes, qui effectue des opérations malveillantes à l'insu de l'utilisateur. Il donne accès à l'ordinateur sur lequel il est exécuté en ouvrant une porte dérobée (*backdoor*). Il est très difficile à détecter.

Chiffre d'affaires : montant global, au cours d'une période donnée, des ventes de biens et de services effectuées par un agent économique et mesurées par leur prix de cession.
Confondre chiffre d'affaires et bénéfice, c'est précipiter la faillite.

Choc asymétrique : Est un ralentissement de la croissance économique qui ne touche qu'une partie d'un pays ou d'une zone monétaire (exemple zone euro) en raison de la structure industrielle de la région touchée, d'évènements politiques ou encore pour des raisons externes.

Chômage : inactivité forcée due au manque de travail ou à l'inadéquation entre compétences recherchées et compétences offertes. Arrêt involontaire et prolongé dû à l'impossibilité de trouver un emploi. La population au chômage réel = chômeurs + quote-part des travailleurs à temps partiel subi + chômage technique + activité réduite + temporaires + travailleurs ne recherchant pas activement un emploi + chômeurs en fin de droit + SDF, démaquille les statistiques officielles.
Le chômage engendre des pertes économiques, déséquilibre le tissu social, écrase le niveau de vie et engendre pour le chômeur un statut socio-économique lié aux inégalités.
Rupture arbitraire et imprévisible, source d'anxiété et d'angoisse, l'épreuve douloureuse est aggravée par des mesures discriminatoires pour débusquer les profiteurs et les tracasseries administratives lors de la perception des indemnités. Une détresse morale accablante envahit le chômeur, résigné au désespoir.
Cancer économique, le chômage induit déchéance, violence, délinquance, criminalité et exclusion. Il porte le germe de la résignation et de la désespérance, puis précipite dans une vie misérable et douteuse, parfois indigente, non seulement la jeune génération, mais souvent aussi, par voie de conséquence, celle des parents et des grands-parents retraités qui l'aident à subvenir à ses besoins vitaux. Partie intégrante du processus économique, classe dominée, plongée dans une situation d'appauvrissement implacable, il y a beaucoup de jeunes chômeurs (les plus faibles, les sans qualifications) qui s'excluent de la société et se calfeutrent dans la dépendance d'une couverture sociale ou une activité clandestine. Or, la pauvreté de jeunesse n'a de sens que dans l'espérance de la réussite.

Afin de pérenniser le système de protection sociale, le contrôle des chômeurs, qui les aide à la recherche d'une formation qualifiante et lutte parallèlement contre ceux qui abusent du système (chômeurs professionnels), est indispensable pour ne plus gaspiller les ressources assurancielles payées par les salariés en emploi.
Catastrophe naturelle d'une société permissive à titre posthume, le chômage est inacceptable. Arrêtons de nous obstiner à traiter la conséquence, le chômage, au lieu de doper l'emploi, source du problème, par la formation adéquate et permanente.
Quelques petits futés tentent de passer le BAC, le Brevet d'aptitude au chômage.

Citoyenneté : le fait pour un individu, pour une famille ou pour un groupe, d'être reconnu officiellement comme citoyen, c'est-à-dire membre d'une ville ayant statut de cité, ou plus généralement d'un Etat. Un statut qui confère des droits et des obligations.

Classe sociale : groupe d'individus ayant dans la société une situation fonctionnelle et une position comparables, et liés par une communauté d'intérêts et de comportements. Le partage des bénéfices nets d'une société en 3 tiers égaux (management, actionnariat, salariat) transmute la lutte des classes en communauté d'intérêts.

***Click & Mortar** :** désigne une entreprise hybride, entre le web et le physique. Ceci comprend par exemple tous les magasins ayant une boutique en dur et distribuant des produits sur Internet.

Client : personne qui requiert des services moyennant rétribution. Personne qui achète.

Le client est souvent prétentieux et indécis. Faut-il donc, favoriser son arrogance et abréger ses inquiétudes ? comme le prétendent certains experts de la vente.

Clientèle : ensemble de personnes qui se fournissent auprès d'un artisan, d'un commerçant, d'une profession libérale, d'une entreprise industrielle ou commerciale.
Où est la clientèle, est forcément la concurrence.

Cloud** : le terme *cloud* (nuage en anglais) recouvre l'ensemble des solutions de stockage distant. Les données, au lieu d'être stockées sur des disques durs ou mémoires, sont disponibles sur des serveurs distants et accessibles par Internet.

Cloud communautaire** : l'infrastructure est partagée par plusieurs entreprises qui ont des intérêts communs (exemples : exigences de sécurité, de conformité, ...) Il peut être géré par les entreprises elles-mêmes ou par un tiers.

Cloud computing** : concept qui consiste à déporter sur des serveurs distants des stockages et des traitements informatiques traditionnellement localisés sur des serveurs locaux ou sur le poste de l'utilisateur (accès via le réseau à la demande et en libre-service).

Cloud Hybride** : c'est une alternative aux *clouds privés* et *publics*. Le *cloud public* est par exemple plus évolutif et intéressant en termes de coûts, il pourra ainsi être utilisé pour toutes les opérations non sensibles de la structure.

Cloud privé** : désigne une architecture informatique d'entreprise protégée par un pare-feu. Le *cloud privé* est conçu pour les entreprises qui souhaitent un contrôle plus important de leurs données que celui obtenu via un serveur hébergé par un tiers du *cloud public*.

Cloud Public* : il s'agit d'une solution de *Cloud* orchestrée par le fournisseur, qui loue ses services (stockage en ligne ou applications Web) au grand public.

Clusters de PC* : ensemble de plusieurs dizaines ou centaines de PC standards connectés par un réseau très rapide. Une alternative compétitive par rapport aux supercalculateurs de moyenne gamme, moins onéreux et tout aussi performants.

CM*, Community Manager** : gestionnaire de communauté. Il désigne ce nouveau métier digital consistant à animer, fédérer une communauté d'internautes pour une entreprise, une marque, etc... sur les réseaux sociaux.

Code assembleur* : est une représentation sous forme de texte du code machine, qui lui est présenté sous forme de nombres (les fameux « zéro et un »). Par exemple, 10111000 00000000 00000000 00000000 est un code machine du processeur Intel, et sa représentation en code assembleur est mov eax, 1 qui se lit : « placer (*to move*) la constante 1 dans le registre eax ». La traduction automatique du code assembleur au code machine s'appelle la phase d'assemblage.

Code pénal : traitant des peines (L. 1), des personnes punissables (L. II), des crimes et délits (L. III) et des contraventions de police (L. IV).

Cogestion : forme de participation des salariés à la gestion des entreprises. En France, les expériences de cogestion sont rares et discutables. L'Allemagne est citée en exemple pour illustrer la cogestion par la loi allemande de 1952. Controversée dans les pays capitalistes, la cogestion pose aussi problème dans les pays socialistes (Cas de la Yougoslavie à partir de 1950). La cogestion étouffe trop souvent dans la congestion, des idées dissemblables.

Cols blancs : employés de bureau, cadres, dirigeants.

Cols bleus : ouvriers occupés aux travaux manuels, au bas de la hiérarchie de l'entreprise. La modernisation entraînée par la globalisation planétaire des marchés suscite la guerre des instruits et des talents (cols bleus, cols blancs), leviers de la croissance.

Collectif : ensemble de dispositions financières présentées en cours d'année dans une loi des finances rectificative qui corrigent et complètent les prévisions, les ouvertures de crédit et les mesures inscrites dans le budget voté : « Bercy a révisé ses prévisions à la baisse !). Les prévisionnistes des Finances françaises sont affublés d'un optimisme béat.

Comité d'entreprise : organisme de représentation du personnel au sein d'une entreprise. Dans une volonté de simplification, la loi travail fusionne les instances représentatives du personnel de l'entreprise en une seule instance, le **Comité social économique, CSE**.

Commerce, commerçant : activité consistant à acheter des biens, services ou des valeurs pour les revendre (après transformation ou non), pour les louer ou pour en céder l'usage ou l'avantage contre un prix.
Le commerce vacille dans le grand chambardement de la grande distribution et de l'e-commerce.

Commerce électronique* : vente en ligne, désigne l'échange de biens et de services entre deux entités sur les réseaux informatiques, notamment Internet (ou réseaux EDI).

Commis : agent de l'Etat. Un « grand commis de l'Etat » est un fonctionnaire supérieur d'un ministère ou d'une administration. Des journalistes d'investigation décrivent une mafia de hauts fonctionnaires, privilégiés, aux salaires exorbitants, à vie... Observation à pondérer.... !

Commissaire aux comptes : personne investie d'une mission générale de contrôle comptable et financier d'une société et, par voie de conséquence, d'une mission d'information des associés et dirigeants de cette société.
Le commissaire aux comptes n'est pas bon enfant, comme le prétend la comédie de Courteline, avec sa générosité de pingre.

Commission européenne : la Commission européenne est une des institutions de l'Union européenne UE. C'est un organe indépendant des Etats doté de pouvoirs importants. Elle représente et défend les intérêts de l'Union dans son ensemble. Elle présente des propositions législatives. Elle veille à la bonne application des politiques et exécute le budget de l'UE.

Communisme : régime économique constitué par l'absence de propriété privée et par la mise en commun de tous les biens et services. Depuis les effondrements successifs du système communiste, les thuriféraires libéraux se sont acharnés à le dénigrer, à le discréditer dans son ensemble, en attestant la supériorité des initiatives individuelles de l'économie libérale sur l'autorité centralisée, en démontrant que l'économie de marché libérale est plus efficace que l'économie dirigée et que toute intervention extérieure au marché est un frein à la performance.
Vouée aux gémonies, l'économie communiste propose cependant quelques aspects positifs : le plein-emploi, (certes, en employant beaucoup de salariés à ne pas faire grand-chose), les retraites assurées (certes modestes), la moralité publique et privée (à des exceptions près) et le Plan qui permet d'harmoniser les efforts vers un objectif commun.

Douce inquiétude, le communisme, c'est promettre de construire des aqueducs dans le désert.

COPE*, Committee on publication ethics : guide pour la pratique de bonne communication éthique.

Compétitivité : une entreprise, un article commercial, une technique, un service, un homme, une nation, une notion qui peuvent soutenir la concurrence par leur efficacité.
C'est la capacité d'une entreprise à offrir des produits et des services dont les caractéristiques, la qualité, le coût et la différenciation lui permettent de faire concurrence à ceux qui vendent des produits et des services similaires sur un marché déterminé. Cette entreprise peut supporter la compétition créée par la concurrence commerciale du marché.
Indicateur de productivité apparente = Valeur ajoutée / Capital fixe productif.
Premier composant de la compétitivité, la ***rentabilité du capital investi*** consiste à optimiser le résultat net et à minimiser l'actif total afin que la profitabilité soit supérieure au taux d'intérêt réel du marché financier.
La ***compétitivité-coût*** désigne le coût salarial unitaire ***CSU***, pondéré des sommes des coûts salariaux rapportés à une monnaie unique des principaux concurrents de la France sur le plan international (soit l'euro ou le dollar).
Le deuxième élément de compétitivité, le ***caractère concurrentiel du couple produit/service***, réside dans la réduction du prix de revient qui est obtenue par une conception fondée sur l'innovation et sur l'analyse de la valeur, par une fabrication automatisée ou délocalisée partiellement, une qualité contrôle irréprochable, une optimisation de la main-d'œuvre encouragée par une rémunération et un intéressement stimulants et une insertion de la digitalisation.
La ***compétitivité-prix*** à l'exportation des produits manufacturés est égale au rapport d'un prix à l'exportation étranger et du prix à l'exportation de la France. Il est calculé avec les

mêmes pondérations que la ***compétitivité-coût*** (rôle important de l'appréciation et de la dépréciation de la monnaie).
Pricing power**:** c'est la capacité pour une entreprise de pouvoir fixer ses prix de vente en fonction de ses coûts de revient et de les faire accepter par le marché.
La compétitivité c'est, en quelque sorte, un caïman qu'on a du mal à définir, mais que l'on identifie aisément.

Compilateur* : c'est un programme chargé de transformer un programme écrit dans un langage de « haut niveau » comme C ou Pascal en un programme écrit en langage machine.

Complexité* : la complexité d'un algorithme représente la quantité de ressources qui lui sont nécessaires pour résoudre le problème auquel il est destiné, les ressources les plus couramment considérées étant le temps (que l'on mesure en nombre d'opérations élémentaires à effectuer en fonction de la taille des données d'entrée) et l'espace (que l'on mesure en quantité de mémoire à allouer).
Un algorithme complexe ne peut se simplifier, car temps et espace sont incompressibles.

Comptabilité : technique de constatation et d'enregistrement, dans un langage quantitatif homogène, des signes traduisant une activité pour en conserver la mémoire, en exprimer l'évolution et les résultats, et en permettre le contrôle. La comptabilité s'adapte aux exigences économiques modernes : comptabilité analytique, NTIC, digitalisation.
Le comptable avisé se hâte avec lenteur.

Complotiste* : défenseur d'une théorie du complot. Quelqu'un qui récuse la version communément admise d'un événement et cherche à démontrer que celui-ci résulte d'un complot fomenté par une minorité.

Comptant : opération comportant un règlement immédiat du prix de l'objet acquis, l'air content ou pas !

Compte courant : contrat passé entre deux parties qui effectuent entre elles des opérations de règlements, et, disposant de toutes ces opérations, en débit comme en crédit, seront confondues au sein d'un même compte durant un certain délai. A trop puiser au compte courant, on court à la faillite.

Concentration : réunion des facteurs de production autour d'un centre. Concentration géographique : tendance des entreprises à, s'établir et à se développer dans des lieux où se trouvent déjà d'autres entreprises.
Concentration économique : tendance à l'accroissement de la dimension des entreprises. (Concentration horizontale : entreprises réunies au même stade du processus de production. Concentration verticale : entreprises intervenant à différents stades du processus ou exerçant des activités différentes mais complémentaires).
Les avantages offerts (croissance, diminution des coûts, projets plus importants, attraits des actionnaires, consolidation financière) sont parfois compensés par des inconvénients rédhibitoires (puissance difficile à manager, pression sur le pouvoir politique).
La concentration est parfois funeste sous le double effet de la prétention des dirigeants et de l'illusion des prévisionnistes.

Concept : objet de la pensée (idée) correspondant à une règle ou à un schème lui assurant une valeur générale et abstraite et permettant d'organiser les perceptions et les connaissances. Définition ou caractérisation d'un phénomène admise provisoirement par une communauté scientifique.
Plus le percept est flou, plus le concept doit être clair.

Concurrence : situation de référence où s'exerce une confrontation libre, complète et véridique de tous les agents économiques au niveau de l'offre comme de la demande de biens et services, de biens de production et de capitaux.
Pour qu'un marché soit en concurrence pure, il doit satisfaire à 3 conditions : l'atomicité du marché, l'homogénéité du produit, la libre entrée et la libre sortie du marché.
Pour qu'il atteigne la concurrence parfaite, deux conditions complémentaires sont nécessaires : l'information parfaite et complète sur le marché, la mobilité des facteurs de production.
La concurrence modérée est bienfaitrice, la concurrence excessive est mortelle.

Confiance : fait de croire, espérance ferme, assurance qui en découle. L'économie fonctionne comme un moteur thermique : l'esprit d'entreprise est son carburant, le crédit son comburant et la confiance son lubrifiant.

Conglomérat : réunion d'entreprises offrant des produits ou services tout à fait différents entre les mains du même groupe financier.

Conjoncture : éléments constitutifs de la situation économique d'un secteur, d'une branche, d'une région ou d'un pays à un moment donné.
Par extension : technique permettant de recueillir et d'apprécier les divers éléments constitutifs d'une situation globale et d'en tirer des prévisions à court terme.
Ephémère et fluctuante par définition, tantôt alibi ou bien prétexte, la conjoncture cache parfois les déséquilibres structurels.

Connaissance : faculté de connaître propre à un être vivant.
Les voies, les chemins de la connaissance.
La connaissance émancipe.

Conseil d'administration : dans une société anonyme, réunion de personnes, obligatoirement actionnaires, et qui sont désignées par les statuts ou par l'assemblée générale pour gérer les affaires de la société.
« Le conseil d'administration est une des manières les plus distinguées de perdre son temps ». Auguste Detoeuf.

Conseil des gouverneurs : est l'un des organismes de décision de la BCE. Il se réunit au moins dix fois par an, arrête les orientations et prend les décisions nécessaires à l'accomplissement des missions confiées au Système européen des banques centrales **SEBC**.

Consensus : accord de plusieurs personnes sur un principe ou sur des engagements et des buts communs.

Consensuel : formé par le seul consentement des parties.

Consolidation : terme comptable désignant le fait de consolider les comptes d'une société mère et de ses filiales. Utilisée pour donner une image plus fidèle de l'entreprise dans son ensemble.

Consommation : emploi d'un bien ou d'un service à la satisfaction d'un besoin impliquant la destruction de ce bien ou de ce service. Quand elle est productive de satisfactions, elle est dite « consommation finale ». Quand elle est productive de biens, il s'agit de « consommation intermédiaire ».

Consultant : qui donne des consultations. Expert externe à une entité ou à une entreprise.
La recherche d'éclaircissements conduit parfois à l'obscurcissement de la vérité.

Consultation : Action de prendre avis. De consulter.
Recherche d'une personne qui partage votre avis.

Contribuable : personne assujettie au paiement d'un impôt direct. Français moyen (euphémisme) avant paiement de l'impôt, SDF, sans domicile fixe, après.

Contrôle : vérification attentive et minutieuse de la régularité d'un état ou d'un acte. Le contrôleur de gestion a en charge le budget annuel. Indispensable, lorsqu'il est vigilant, frein à l'activité quand il est tatillon et paperassier.

Convertibilité (d'une monnaie) : possibilité pour le détenteur d'une monnaie de l'échanger légalement contre de l'or ou contre toute autre devise.

Cookie* : tel un mouchard, le cookie est un petit fichier simple qui se niche dans votre disque dur lors de la visite de certains sites. Il enregistre ainsi vos données de navigation afin de faciliter votre seconde venue sur le même site (exemple : pré-enregistrement de mots de passe ou de formulaires).

Corrélation : caractère des données qui varient simultanément.

Cotation (Bourse) : cours constaté en temps réel pour une valeur mobilière admise à la bourse des valeurs.

Cotisation sociale : ce sont des prélèvements opérés essentiellement sur le travail mais aussi, de façon plus réduite, sur le capital, servant à financer les prestations sociales. Improprement appelées charges sociales, les cotisations sociales évoluent en 2018 (suppressions des cotisations maladie et chômage, baisse de la cotisation chômage, hausse de la CSG).

Courbe de vie d'un produit : statistique, série de points représentatifs de la relation entre le volume de la production et le temps pour un même produit.

Phases : 1. Découverte et expérimentation. 2. Décollage. 3. Développement, industrialisation. 4. Maturité. 5. Déclin. 6. Disparition ou relance.
La globalisation planétaire des marchés entraîne l'accélération des découvertes et l'éphémérité de certains produits et services.
Autre exemple : la courbe de bonheur de Sheldon.

Cour des comptes : corps administratif chargé de contrôler, après l'expiration de la période budgétaire, l'observation des règles de la comptabilité publique dans l'exécution des budgets. Elle présente un rapport public annuel qui contient une analyse des principales irrégularités dans l'exécution des opérations financières des collectivités publiques et l'exposé des réformes qui, de l'avis de la Cour des comptes, sont nécessaires pour y remédier. Elle dénonce, bouscule, déplore, distribue de mauvais points, fustige, propose, mais ne gouverne pas et ses préconisations restent souvent lettre morte. Hélas !

Coût : montant, exprimé généralement en monnaie, des charges nécessaires à l'acquisition ou à la production d'un bien ou d'un service.

Coût d'un algorithme* : c'est l'ordre de grandeur du nombre d'opérations arithmétiques ou logiques que doit effectuer un algorithme pour résoudre le problème auquel il est destiné, ce coût donne donc une indication de la rapidité de l'algorithme. L'ordre de grandeur dépend de la taille N des données en entrée.
Les algorithmes se classent en deux groupes :
- Ceux dont le coût est linéaire, quadratique ou polynomial en fonction de N.
- Ceux dont le coût est moins exponentiel en fonction de N.

Coût global : processus d'évaluation qui permet de prendre en considération tous les coûts attribuables à toutes les décisions en cours de conception, ces coûts étant évalués en fonction du facteur temps. Approche en vue d'anticiper les contraintes de fonctionnement, d'exploitation, de maintenance et de déconstruction lors de la construction d'un ouvrage.
Après avoir constaté des manquements graves au cours de nombreuses réalisations de grands travaux en France (constructions luxueuses et disproportionnées entraînant d'énormes frais d'exploitation), j'ai proposé une première étude sur le coût global en *1996*, *L'Embauchoir, première édition, L'Harmattan.* Ce n'est qu'en mai 2010, que le ministère des Finances a publié un guide relatif à la prise en compte du coût global dans les marchés publics de maîtrise d'œuvre et de travaux. Je déplore toujours la lente maturation hexagonale des préconisations économiques novatrices.

Covariance : moyenne des produits de deux variables centrées sur leurs espérances mathématiques et servant à définir leur coefficient de corrélation.

Covoiturer : utilisation d'une même voiture particulière par plusieurs personnes effectuant le même trajet, afin d'alléger le trafic routier et de partager les frais de transport.

Coworking* **:** type d'organisation du travail qui regroupe deux notions : un espace de travail partagé, un réseau de travailleurs encourageant l'échange et l'ouverture.

Cracker **:** exploreur de systèmes via Internet avec l'intention de nuire. Voir Hacker.

Créativité : pouvoir de création, d'invention, d'inventivité qui permet une adaptation rapide aux transformations profondes de la société et aux situations concurrentielles.

Composant central de la compétitivité, action d'innover, de créer ou de transformer quelque chose de nouveau qui conduit nécessairement à une originalité. C'est une réalisation technique nouvelle qui s'impose sur le marché.
Elle caractérise l'entrepreneur entreprenant, le chercheur, mais l'idée neuve, distincte de l'autorité, prend sa source à tout niveau de l'entreprise. Par son potentiel de régénération, elle joue un rôle déterminant dans la croissance de l'entreprise et n'atteint sa plénitude que par sa réalisation, sa rencontre avec le marché, son exploitation et les débouchés commerciaux qu'elle suscite.
Imprégné de son environnement et de ses connaissances, du spatial et du temporel, de son savoir-faire et de son savoir-agir, inspiré par une curiosité de chercheur, un appétit de connaître, guidé par une main invisible, une ardeur intérieure, le créateur isolé poursuit sa recherche, scrute pour découvrir et trouver. Certes, les discoureurs pédants, les péroreurs inutiles, qui n'ont jamais rien cherché ni trouvé, en parlent avec plus de conviction et d'élégance.
Tout entrepreneur a deux patries : l'entreprise et l'innovation.

Crédit : acte de confiance comportant l'échange de deux prestations dissociées dans le temps, biens ou moyens de paiement contre promesse ou perspective de paiement ou de remboursement. La confiance indispensable au crédit, est-ce un oxymore ou un pléonasme ?

***Credit crunch* :** impossibilité d'obtenir des crédits, des emprunts. Apparaît lors d'un accroissement des risques de défaillance des entreprises et des ménages.

Crédit d'impôt : C'est la restitution à la source, au porteur, d'une valeur mobilière.

Crise économique : survenant après une période de prospérité, la crise se caractérise par la substitution brutale des mouvements de baisse à des mouvements de hausse ; chute rapide des prix, du volume de la production et des revenus. Elle s'accompagne généralement de chômage, de faillites et très généralement d'effondrement des cours boursiers. Les experts conseillent plus aisément la gestion des crises que leurs prévisions. « Les hommes ne voient la nécessité que dans la crise » Jean Monnet.

Croissance économique : processus complexe d'évolution en longue durée, qui se manifeste par un accroissement des dimensions caractéristiques de l'économie et par une transformation des structures de la société. Imparfaitement mesurée par le PIB à prix constants. (Sa croissance traduit le niveau de bonne santé économique du pays, croissance difficile à maintenir pour les pays développés).
Les facteurs contributifs à la croissance sont : l'évolution démographique, l'accroissement de la connaissance par l'éducation et la formation, le développement des infrastructures, la progression des investissements et de la recherche, l'accélération de la création et de l'innovation, la contribution des talents, la répartition équitable des profits des entreprises, le développement des échanges internationaux à l'exportation, une synergie collaboratrice entre l'Etat, l'université et l'industrie, et une gestion publique raisonnable, sans déficits excessifs.
La croissance est l'objectif majeur de tous les systèmes économiques car elle permet la réduction du coût de la vie, offre un choix diversifié de produits et services, accroît les revenus et l'emploi, facilite l'équilibre économique et les choix budgétaires. C'est une nécessité biologique.
Quelques âmes généreuses, dans un souci écologique, culturel, fraternel et de promotion du bien-être, prônent la croissance zéro. Mais prévoir une croissance zéro, c'est rêver

l'économie au lieu de la vivre, avec des mesures qui sont faites de la même matière que les songes.
Les experts en krach tergiversent entre l'hypertrophie financière, l'immoralité de l'euphorie fiscale, le racket asphyxiant des sur-impôts, l'assurance des banques centrales, les bulles, l'inévitable et l'imprévisible.

Cross-device* : terme qui caractérise bien le parcours des internautes aujourd'hui, consultant un site Internet via différents canaux. Sur tablette, ordinateur ou mobile : les comportements, le *tracking*, la lecture..., sont *cross-device*.

Crowdsourcing* : (externalisation ouverte) : c'est un des domaines émergents de la gestion des connaissances, qui est l'utilisation de la créativité, de l'intelligence et du savoir-faire d'un grand nombre de personnes en sous-traitance, pour réaliser certaines tâches effectuées traditionnellement par un employé ou un entrepreneur.

Crowfunding* : (production participative – financement participatif) : désigne l'application des méthodes combinées du *crowsourcing* et du *crowfunding* (financement par la foule) à des projets de tous types (entreprise, production artistique ou culturelle, etc...).

Crypto-monnaie* : est un actif numérique conçu pour fonctionner comme moyen d'échange utilisant la cryptographie pour sécuriser ses transactions, contrôler la création d'unités supplémentaires et vérifier le transfert d'actifs. Les crypto-monnaies sont un type de devises numériques, de devises alternatives et de monnaies virtuelles. Les crypto-monnaies utilisent le contrôle décentralisé par opposition au système centralisé de monnaie électronique et de banque centrale. Le contrôle décentralisé de chaque crypto-monnaie fonctionne à travers une *blockchain*, qui est une base de données de transactions publiques, fonctionnant comme un registre distribué.

Cryptographie* : sécurisation des communications. Le numéro de la carte bancaire est transformé à l'aide d'une procédure de « chiffrement ». L'algorithme utilisé n'a rien de confidentiel. Mais pour déchiffrer et récupérer l'information sous forme lisible, il faut connaître un élément secret : la clé. Cette clé est connue du site marchand, mais ni de son client, ni d'un éventuel pirate ! Tout site ou toute personne souhaitant recevoir des communications sécurisées peut posséder sa propre clé.

CSG : Contribution sociale généralisée. Destinée à financer la protection sociale, elle est, hélas, devenue une variable d'ajustement du budget de l'Etat.

CSNET* : ***Computer sciences network*** : réseau d'ordinateurs universitaires reliés entre eux.

Culture : ensemble des aspects intellectuels d'une civilisation. Ensemble des formes acquises de comportement, dans les sociétés humaines. La culture est une notion essentielle dans les sciences économico-sociales.
La culture est un antidote contre les caractères superficiels.

Cumulatif : Statistique : caractère d'une grandeur qui croît par simple addition sur elle-même.

C.V.S. (données corrigées des variations saisonnières, CVS) : les phénomènes économiques comme la consommation, le tourisme, le chômage, présentent des régularités statistiques aux mêmes périodes de l'année. Les données corrigées des variations saisonnières CVS permettent d'annuler l'effet saisons.

Cybercars* : ce sont des véhicules routiers avec des capacités de conduite automatique qui transportent des marchandises et des personnes, sous contrôle d'un système de gestion central. Dans leur version initiale, les *cybercars* sont destinés aux courtes distances en environnement urbain ou sur des sites privés. A plus long terme, les *cybercars* pourront rouler automatiquement à haute vitesse sur des pistes dédiées.

Cycle d'exploitation ou de production : fluctuation récurrente de grande amplitude de l'activité économique, correspondant à la durée de fabrication du produit.

5. D

***Daas** : (*Data as a Service*) : dérivé de *Saas,* les données sont ici fournies sur demande à l'entreprise.

Data center* : un centre de traitement des données est un site physique sur lequel sont regroupés des équipements constituants du système d'information de l'entreprise (mainframes, serveurs, baies de stockage, équipements réseaux et de télécommunications, etc ...). Il peut être interne ou externe à l'entreprise, exploité ou non avec le soutien de prestataires. Contrôle sur l'environnement (climatisation, prévention incendie, sécurité physique élevée).

***Data encryption standart, DES** : est un algorithme de chiffrement symétrique (chiffrement par bloc) utilisant des clés de 56 bits. Son emploi n'est plus recommandé aujourd'hui, du fait de sa lenteur à l'exécution et de son espace de clés trop petit permettant une attaque systématique en un temps raisonnable.

***Datajournalism** : (*data journal*) le journalisme de données est une nouvelle technique journalistique qui consiste à analyser les données complexes (statistiques sportives) ou à extraire des informations pertinentes de quantités importantes de données (*data maning*).

Data visualisation* : la visualisation d'informations est l'utilisation de représentations visuelles interactives et informatisées de données abstraites pour amplifier la cognition.

DATAR : Délégation à l'aménagement du territoire et à l'action régionale. En liaison avec le CIV, Comité interministériel des villes et l'Agence nationale pour la cohésion sociale et l'égalité des chances, Acsé.

Décarboné : qui n'émet plus de carbone lors de sa production d'énergie. La priorité devrait être donnée à une électricité décarbonée, issue des ressources renouvelables (pour tenter de limiter à 2° c l'augmentation de la température à la fin du siècle).

Décentraliser : qui est l'action de développer l'activité d'une entreprise en dehors du seul manager ; c'est faire descendre le pouvoir de décider et d'agir à des subordonnés suffisamment capables et tout proches de l'action à entreprendre. C'est les rendre plus autonomes, plus indépendants du manager, en leur donnant plus de droits et de pouvoirs. Trop souvent contrariée par la prétention et la défiance du manager. Se confond aussi avec Déléguer.

Décote : on dit d'une action qu'elle présente une décote ou qu'elle est décotée, si sa valeur en bourse est manifestement inférieure à sa valeur financière réelle.

Déléguer : qui s'applique à charger quelqu'un d'une fonction ou d'une mission, en lui transmettant une part ou la totalité des pouvoirs que l'on détient sur le sujet. C'est lui confier un rôle avec pouvoir d'agir à sa place.
La délégation peut avoir un caractère permanent : cas de délégation de fonction, soit un caractère temporaire : cas d'une mission occasionnelle.

Déclencheur : celui qui, en premier, soulève un problème.

Déclinisme* : théorie selon laquelle un pays serait en déclin (économique, culturel, géopolitique, ...).

Décollage : phase de développement d'une économie marquée par l'apparition d'automatismes de croissance.
Tout comme en aviation, c'est une phase périlleuse.

Déconcentrer : sans que le pouvoir central perde son autorité, c'est déléguer à divers subordonnés situés dans des lieux géographiques périphériques et différents des décisions jusque-là réservées au manager ou au responsable. C'est le dessaisir d'une partie de l'autorité pour la confier au plus près de l'action (situation géographique). Le mot **déconcentrer** se confond souvent avec **décentraliser.**

Décote : abattement opéré par rapport à l'expression monétaire nominale de la valeur d'un bien pour la rapprocher de sa valeur considérée comme réelle.

Découragement (effet de) : lors d'une période prolongée de chômage, les agents économiques sont considérés comme actifs non occupés. Au bout d'un certain temps (plus d'un an), ces chômeurs ne recherchent plus d'emploi et sont par conséquent radiés, en principe, des listes de demandeurs d'emploi. Ces chômeurs sont victimes de l'effet de découragement.

Découvert : montant d'une dette ou d'une dépense qui excède les disponibilités du débiteur.

Décroissance : politique économique visant à réduire le taux de croissance du PNB. Le changement climatique, la perte de la biodiversité, la pollution des nappes phréatiques, les dégâts écologiques majeurs, incitent à remettre en cause notre système économique orienté vers la croissance (croissance infinie dans un monde fini). Voir Croissance.

Défaillance : défaut d'exécution, au terme fixé, d'une clause contractuelle. Les défaillances d'entreprises sont davantage dues aux erreurs des managers qu'aux circonstances économiques fluctuantes.

Déficit : solde faisant ressortir une insuffisance de produits par rapport aux charges, ou des ressources par rapport aux besoins, au cours d'une période donnée.

Déficit commercial : excédent des importations par rapport aux exportations. Raymond Barre, avec qui j'ai eu le privilège de réfléchir aux ambitions énergétiques françaises, m'exposa à trois occasions son credo :
1° Nous avons besoin d'un franc fort. (à l'époque du franc).
2° D'une balance commerciale positive.
3° D'économies d'énergie et d'énergies nouvelles, et ça c'est votre domaine, me confiait-il, un sourire complice au coin des lèvres.

Déficit public : au niveau de l'Etat.

Déflation : politique de restriction de la demande visant à freiner la hausse (c'est la désinflation) ou à provoquer la baisse des prix.

Dégagisme : étymologie : composé de dégager, et du suffixe-isme, servant à former des mots correspondant à une attitude, un comportement, une doctrine, un dogme, une idéologie ou une théorie. Dégager est composé de préfixe de cessation de- et de gager, dérivé du proto-germanique wadja, gage. Le dégagisme est popularisé comme un dogme des insatisfaits, des inapaisés, des déçus, des frustrés, qui veulent faire partir les gouvernants sans toutefois proposer une alternative.

Délégataire : celui à qui on délègue. Doit se sentir en confiance avec le délégateur.

Délégant : personne qui désigne un délégué.

Délégateur : celui qui délègue. Qui fait une délégation d'une partie de ses attributions.

Délocalisation : expatriation de la production.

Demande : quantité d'un bien ou d'un service, qui peut être achetée pour un prix défini, pendant une unité de temps donnée, sur un marché.

Demande (fonction de) : c'est la courbe qui relie la quantité qu'est prêt à demander un agent économique et le prix de la demande. Cette relation est décroissante (voir Offre).

Demande effective : dans la théorie keynésienne, désigne la demande globale prévue, anticipée par les entrepreneurs, à partir de laquelle ils prennent leurs décisions d'investissements, de production et d'emploi.

Demande finale : comptabilité nationale : différence entre les emplois finaux et les importations.

Dématérialisation* : action de rendre immatériel, fait de devenir immatériel ; Suppression du support matériel grâce à l'informatique.

Dématérialisation des marchés publics* : pour la dématérialisation des procédures des marchés publics, la réforme du droit de la commande publique est entrée en vigueur au 1.04.2016. Dans la continuité de cette réforme, et conformément aux nouvelles règles européennes, deux objectifs ont été fixés pour le 1.10.2018 :

- Une complète dématérialisation des procédures de marchés publics ;
- Le déploiement d'une démarche d'open data sur les données essentielles des marchés publics et contrats de concessions.

La dématérialisation revêt des formes différentes en fonction de l'étape concernée : préparation de l'achat, de procédure de passation, de procédure de contrôle, de suivi et d'exécution, de paiement ou d'archivage...

Démocratie : doctrine politique d'après laquelle la souveraineté doit appartenir à l'ensemble des citoyens, au peuple. Système déplorable par son insuffisance, exemplaire par sa suffisance, fait pour favoriser l'union, entraîne souvent la division. La démocratie est sûrement le moins mauvais des régimes !

Démographie : étude statistique des collectivités humaines. Science ayant pour objet l'étude des populations humaines. Alfred Sauvy, économiste démographe, a fait prendre conscience aux Français des enjeux de la démographie.

Dépénibiliser : supprimer le caractère pénible du travail. Il n'y a rien de plus pénible que de tenter de dépénibiliser les personnes qui considèrent le travail comme une corvée.

Dépense nationale brute : est un indicateur de la Comptabilité nationale qui mesure la part du PIB consommée, à titre final, par les nationaux aussi bien sur le territoire économique national que dans le reste du monde.

Dépôts : fonds reçus par une banque à la demande d'une personne (déposant) avec ou sans stipulation d'intérêts, avec le droit pour la banque d'en disposer pour les besoins de son activité, mais sous la charge d'assurer au déposant un service de caisse.

Dépôts et cautionnements versés : sommes versées à des tiers à titre de garantie d'exécution de contrat et indisponibles jusqu'à la réalisation d'une condition suspensive. Cette rubrique ne couvre pas les titres déposés en garantie. Ceux-ci sont compris dans les immobilisations financières qui les concernent.

Dépréciation : diminution de valeur. Différence en moins entre la valeur brute et la valeur nette comptable d'un élément actif. Elle est constatée, selon le cas, par des provisions ou des amortissements pour dépréciation.

Dépression : phase du cycle économique, caractéristique des économies capitalistes, marquée par le fléchissement de la production, une tendance à la baisse des prix, une montée du chômage et un effondrement de la Bourse.
La germination des dépressions mentales jaillit souvent de la dépression économique.

Déradicalisation : néologisme politique du XXème siècle, qui implique une action pour inverser le processus de radicalisation, pour adoucir les positions et les actions. La déradicalisation est le plus souvent évoquée dans le cadre des politiques menées contre le terrorisme islamique.

Déréférencement : action ayant pour objectif de retirer un produit, une référence ou une marque d'un point de vente. Ce déréférencement peut être souhaité ou non par la marque détentrice du produit concerné.

Dérive : produit ou contrat de gré à gré, définissant des flux financiers futurs entre l'acheteur et le vendeur, et dont la dérive d'un actif sous-jacent fluctue *(futures, swaps, options...)*.

Dérivé (produit) : produits financiers ayant pour base un autre produit, le sous-jacent, et rajoutent souvent un effet de levier et de risque.

Déséconomie d'échelle : lorsque le coût augmente avec la taille de l'entreprise, on parle de déséconomie d'échelle.

Design **:** discipline visant à une valorisation esthétique de l'environnement humain, depuis la conception des objets usuels et des meubles jusqu'à l'urbanisme.
Au carrefour de l'art, de la technique et de la société.

Design Thinking* **:** penser comme des designers pour faire face à un problème ou à un projet d'innovation. Englobe un ensemble de méthodes et d'outils de management qui concilient les pensées analytiques et intuitives pour le développement des projets innovants. La co-créativité dépasse le développement de projet classique et linéaire.

Désengagement : action de désengager ou de se désengager.

Dettes provisionnées (ou charges à payer) : dettes potentielles évaluées à l'arrêté des comptes, nettement précisées quant à leur objet, mais dont l'échéance ou le montant est incertain. Elles ont vocation irréversible à se transformer ultérieurement en dettes. Ces dettes provisionnées sont rattachées aux diverses rubriques correspondantes du bilan. Ne sont pas comprises dans cette catégorie les provisions pour risques et charges dont la vocation à se transformer en dettes n'est pas irréversible.

Dette publique : elle comprend l'ensemble des engagements contractés par l'Etat ; diverses distinctions sont utilisées pour l'analyse de son montant. Eteinte par l'exécution de l'obligation.

Accepter la dette, c'est renouer avec le dogme de la relance par le déficit. Les plus beaux discours ne remboursent pas la dette !

Dévaluation : modification volontaire de la parité de la monnaie. Décision de politique économique visant à réduire la valeur de la monnaie nationale par rapport aux autres monnaies.

Développement : correspond à l'ensemble des transformations techniques, sociales et culturelles qui permettent l'apparition et la prolongation de la croissance économique.

Développement durable : le modèle de croissance est confronté au changement climatique dont la cause principale est l'activité humaine. La nécessité de réduire drastiquement les émissions de CO2 réactive le concept de développement durable : changement climatique et énergie propre, transport durable, consommation et production durables, conservation et gestion des ressources naturelles, santé publique, inclusion sociale, questions démographiques et migratoires, pauvreté dans le monde.

Diagnostic : détermination d'un état d'après les symptômes et les signes qui permet d'émettre une hypothèse et de faire une prévision à la suite de leur analyse.

Diagnostic d'analyse économique : décomposition en éléments saisissables de la réalité économique en vue de les insérer dans un schéma explicatif quantifié des forces à promouvoir et des faiblesses à corriger.
Pas de diagnostic définitif avant la faillite.

***Digital native** :** Un natif numérique (*digital)* est une personne ayant grandi dans un environnement numérique comme celui des ordinateurs, d'Internet, des téléphones mobiles et des baladeurs MP3. Un (im)migrant numérique (*digital immigrant*) est un individu ayant grandi hors d'un environnement numérique et l'ayant adopté plus tard.

Digital Economy* **:** l'économie numérique fait référence à une économie basée sur les technologies informatiques numériques. L'économie numérique est aussi appelée, *Digital Economy, Internet Economy, New Economy* ou *Web Economy*. De plus en plus, l'économie numérique est étroitement liée à l'économie traditionnelle, ce qui rend la délimitation plus difficile.
En 2017, dans le classement relatif à la *Digital Economy* par la Commission européenne, la France est en 16ème place de l'UE. Un handicap sévère dans la compétition internationale.

Digitalisation* : consiste en la numérisation des documents afin de les sauvegarder sur un support informatique. Tous les types de documents peuvent être digitalisés : papiers, vidéos, photographiques ou bandes dessinées.

Directive : indication, ligne de conduite donnée par une autorité politique. Instruction.
Au niveau européen, une première directive (loi) sur le blanchiment des capitaux a été adoptée en 1991.

Directoire : le Directoire, autre organe de décision (Conseil des gouverneurs), met en œuvre la politique monétaire conformément aux orientations et aux décisions par le Conseil des gouverneurs. Il est responsable de la gestion courante de la BCE et donne les instructions nécessaires aux Banques centrales nationales.

Dirigisme : politique économique conférant à l'Etat, garant de l'intérêt général, un rôle prééminent dans les décisions économiques.
Le dirigisme hésite toujours entre laxisme et autoritarisme.

Discrimination : le fait de séparer un groupe social des autres en le traitant plus mal.
Action de l'Etat ou d'un agent économique, introduisant une différence de traitement entre ses partenaires faussant ainsi les conditions dans lesquelles s'exerce entre eux la concurrence. Une discrimination étatique qui poursuit les chimères de l'égalité.

Discrimination positive : ensemble de mesures visant à favoriser certaines personnes appartenant à des catégories dont les membres subiraient des discriminations systématiques. Il s'agit d'instituer des inégalités pour promouvoir l'égalité. En contradiction parfois avec « égalité », un des trois termes du trialisme républicain : Liberté, égalité, fraternité.

Discruptif* : terme peu usité qui qualifie ce qui sert à rompre, ce qui est relatif à une soudaine rupture (innovation, technologie, webmarketing, buzz...).

Dispersion : état de ce qui est dispersé, réparti en plusieurs endroits.

Distribution : ensemble des opérations visant à mettre les produits à la portée des consommateurs.

Grande distribution : en France, le secteur de la grande distribution est constitué des hypermarchés et des entreprises dites de grand commerce spécialisé.

Doctrine économique : ensemble des postulats philosophiques qui servent de fondement à une théorie économique.

Domotique* : C'est l'ensemble des techniques de l'électronique, de physique du bâtiment, d'automatisme, de l'informatique et des télécommunications utilisées dans les bâtiments et permettant de centraliser le contrôle des différents applicatifs de la maison (système de chauffage et de climatisation, volets roulants, portes de garage et d'entrée, prises électriques...), et visant à apporter plus de confort. Et de sécurité, tout en contrôlant les coûts.

DOM – TOM : Département et région d'outre-mer.

Doute : état de l'esprit qui doute, qui est incertain de la réalité d'un fait, de la vérité d'une énonciation, de la conduite à adopter dans une circonstance particulière.
Nos doutes d'aujourd'hui sont le terreau de notre épanouissement. L'économie, c'est 364 jours de doutes et un seul d'espérance.

Données* : les bases de données organisent rapidement la masse d'informations accumulées, qu'elles existent sous forme d'index imprimés ou de fichiers informatiques. Les progrès de l'informatique permettent d'emmagasiner de plus en plus de données reliées de façon toujours plus complexe.

***Dow Jones* :** indice boursier de New York.

Droit : ce qui constitue le fondement des droits de l'homme vivant en société, des règles régissant les rapports humains.

Droit d'asile : droit fondé sur la notion d'extraterritorialité, permettant à des personnes poursuivies pour des raisons politiques de se réfugier dans une ambassade, une délégation ou une nation. Droit pour un Etat d'ouvrir ses frontières et de refuser leur extradition à l'Etat poursuivant. Délicat équilibre distinctif entre migrant économique et droit d'asile.

Drone* : (faux bourdon) ou (*UAV Unmanned aerial vehicle)* est un aéronef commandé à distance, qui emporte une charge utile, destiné à des missions de surveillance, de renseignement, de combat ou de transport (K-Max UAS).

Applications civiles, sécurité ou forces armées.
La charge utile du drone de combat ou *UCAV (Unmanned combat aerial vehicle)* est une arme. Le pilotage automatique ou à partir du sol permet des vols de très longue durée, de l'ordre de plusieurs dizaines d'heures.

Dropbox* : service de stockage de données en ligne au même titre qu'*Icloud, Box.net* ou encore *Google Drive.* Après avoir créé un compte, l'utilisateur peut utiliser son espace de stockage comme il veut, avec un modèle payant au-delà de 2 Go. Les tarifs sont les suivants : 50 Go pour 9,90 $ par mois, 100 Go pour 19,99 $ et un forfait ajustable spécialement pour les professionnels.

DSI* : Directeur des services informatiques.

Dumping : ensemble de pratiques et de mesures destinées à abaisser les prix des biens exportés de façon qu'ils concurrencent efficacement les autres biens analogues offerts sur un ou plusieurs marchés étrangers. *To dump :* inonder le marché.

Durabilité : durée de l'aptitude d'un bien économique à satisfaire le besoin auquel il correspond.
L'obsolescence programmée et la durabilité des produits sont au cœur des débats de la consommation.

Durée : espace de temps qui s'écoule entre les deux limites observées (début et fin) d'un phénomène.

6. E

e-business : désigne le monde des affaires sur Internet.

E-books : livres numériques, aussi appelés par métonymie livre électronique, est un livre édité et diffusé en version numérique, disponible sous forme de fichier, qui peut être téléchargé et stocké pour être lu sur un écran tel que celui d'un ordinateur ou d'une tablette.
C'est la plume du génie qui dévore les romanciers.

Ecart : Ddfférence entre deux valeurs.

Ecart de réévaluation : contrepartie au bilan de corrections en hausse de la valeur comptable antérieure d'éléments d'actifs ou de corrections en baisse de la valeur comptable antérieure d'éléments passifs.

Ecart-type : notion statistique représentant la dispersion des données par rapport à la moyenne de ces dernières.

Echange : opération par laquelle on échange, on donne ou on adresse une chose à quelqu'un de qui on en reçoit une autre en contrepartie.

Echantillon* : liste d'unités statistiques tirées au hasard dans une certaine population statistique. Voir Statistiques.

Echantillonnage* : dans l'ordinateur, les images sont échantillonnées et représentées par un tableau à deux dimensions de pixels de couleur, chacun de ces échantillons correspond à une approximation de la couleur de l'image autour de ce point.

Echéance bancaire : ce que l'on aura à payer à une date, en général en fin de mois.
L'échéance bancaire est un piège à comptes.

Echelle mobile : mécanisme de réglementation des salaires prévoyant leur ajustement automatique au mouvement des prix. Cette indexation a pour but de préserver le pouvoir d'achat des salaires. Elle peut constituer un facteur d'inflation en enclenchant la spirale salaires/prix.

ECOFIN : le Conseil ECOFIN (Economie-Fiances) rassemble les 28 ministres des Finances de l'UE. Il se réunit tous les mois et adopte les grandes orientations de politique économique. C'est à lui que revient le pouvoir de décision dans les matières examinées par l'Euro-Groupe.

Ecologie : science des rapports des êtres vivants avec leur milieu ambiant. Elle doit reposer davantage sur les **écologues,** qui étudient les relations entre les organismes et le monde environnant, celles entre les populations d'individus d'une même espèce et leur habitat, analysent, mesurent, prévoient l'impact des activités humaines sur l'environnement et la biodiversité, que sur les **écologistes** qui militent pour protéger l'écologie, critiquent la société industrielle, sa quête de l'efficacité et ses profits, et sombrent parfois dans des positions politiques radicales (« les écolos »).

Economie : science qui a pour objets la connaissance des phénomènes concernant la production, la distribution et la

consommation des richesses, des biens matériels de la société humaine. L'économie ne se déclare pas : elle s'imagine.
En économie, la grande force des ignorants, est leur nombre.
L'économie est une trop grande discipline pour être exercée par des petites gens.

Economie capitaliste : système d'économie d'échange caractérisé par le développement important du capital technique (moyens de production) mis en œuvre dans le cadre des libertés des échanges et de la concurrence économique. Ouvert à l'accumulation et à la spéculation capitalistiques, il n'est pas obligatoirement sensible à l'intérêt collectif.

Economie de marché : elle repose sur les lois capitalistiques de marché qui autorégulent en général l'équilibre entre l'offre et la demande dans un environnement concurrentiel par un ajustement constant du niveau des prix et du niveau de rémunération des facteurs de production. L'économie de marché est le bras droit du capitalisme et parfois ... sa main gauche.

Economie hybride pratique : doctrine économique fondée sur des postulats de pensée économique différents, de grande exigence d'ordre moral, centrée sur la créativité, la compétitivité et la solidarité. Un système où l'homme est à la source de chaque pulsion économique, où l'entreprise porte le germe de son développement et où l'Etat se confine dans son quadruple rôle régalien, incitatif, régulateur et samaritain pour l'économie en période de crise.
Ce système a été présenté dans le livre *Economie hybride pratique, pour une économie créative, compétitive et solidaire, Max Moreau, éditions L'Harmattan 2009.*

Economie sociale de marché : Courant de pensée spécifique d'origine allemande, un compromis entre l'économie sociale et l'économie de marché. La Chine la revendique, mais, en réalité, c'est une économie capitaliste étatisée, la sienne, et bureaucratisée.

Economie socialiste : objet de divers courants, prône l'organisation d'une société égalitaire, planifiée, libérée des rapports d'exploitation d'une classe sociale sur une autre et assurant la primauté de l'intérêt collectif sur les intérêts particuliers. Le régime économique communiste se caractérise par l'absence de propriété privée, la mise en commun des principaux biens et services et une planification centralisée : le collectivisme (voir **Communisme**).
Les Bédouins prétendent que lorsque le socialisme aura envahi l'Arabie saoudite, il y aura pénurie de sable.

Economie circulaire : concept de production de biens et services en limitant la consommation et le gaspillage.

Economie économe : sans aller jusqu'à la décroissance, de nombreux économistes prônent une « économie économe », qui serait basée sur l'amélioration de la qualité et de la durabilité des produits, sur le recyclage systématique obligatoire, sur la reconversion des systèmes énergétiques, sur la relocalisation de certaines productions, sur le développement d'activités sociales et de prévention, sur la réduction du travail contraint. Bref, **une économie sobre**.

Economiste : spécialiste d'économie politique.
Ils se répartissent en 3 classes :

1. Les arrivistes en contrepèteries chiffrées.
2. Les experts du lendemain, qui démontrent le bien-fondé de leurs prévisions optimistes, même si la crise économique les infirme, et qui, pour certains, au lieu de partager leur savoir, étalent leur science.
3. Ceux qui ne font jamais d'erreur.

Je n'ai jamais rencontré les troisièmes.

Un bon économiste est une personne qui connaît bien la science économique et qui, quand même, continue à l'apprécier. Deux méthodes s'offrent à l'économiste :
La première consiste à donner des prévisions, la seconde à dénombrer la nécessité de ses préconisations. On débute par la première et on finit par admettre qu'on ne peut s'appuyer que sur la seconde.

Ecosystème : unité écologique de base formée par le milieu (biotope) et les organismes qui y vivent (biocénose). La montagne, la forêt sont des écosystèmes.

Ecriture : système de représentation de la parole et de la pensée par des signes conventionnels tracés et destinés à durer. Quand l'homme écrit passablement, sait-il encore penser clairement ?

Effet rebond : d'une manière très générale, l'effet rebond peut être défini comme « l'augmentation de consommation lié à la réduction des limites à l'utilisation d'une technologie, ces limites pouvant être monétaires, temporelles, sociales, physiques, liées à l'effort, au danger, à l'organisation... ».
Il en découle le corollaire suivant : les économies d'énergie ou de ressources initialement prévues par l'utilisation d'une nouvelle technologie sont partiellement ou complètement compensées à la suite d'une adaptation du comportement de la société.

Egalité : le fait pour les humains d'être égaux devant la loi, de jouir des mêmes droits.
Illusion des amputés de la raison.

Elasticité : rapport du pourcentage de la variation d'une variable y par rapport au pourcentage de la variation d'une variable x. Elle mesure l'effet de l'augmentation des revenus sur la demande des biens.

Mais quels sont les ressorts de l'élasticité ?

Emancipation : se mettre hors de tutelle, s'affranchir d'une autorité, accéder à l'indépendance.
Manager, c'est s'émanciper du quotidien.

Emergence* : dans l'étude des systèmes dynamiques, il y a émergence quand, d'un ensemble d'éléments simples en interaction, émergent de nouvelles propriétés qui ne s'expliquent pas à travers des propriétés de chaque élément. (à partir d'un seuil critique de complexité).

Emergents : pays dont l'économie bondit, à très fort taux de croissance : BRESIL, RUSSIE, INDE, CHINE, Afrique du Sud (South Africa), les BRICs.

Emetteur d'information : personne qui émet un résultat, un renseignement ou un message économique.

Emission : fait de créer et de mettre en circulation, notamment de la monnaie.

Emploi : occupation confiée à une personne, tâche à laquelle elle est affectée. Nombre d'heures pendant lesquelles les salariés d'un secteur d'activité, d'une profession, d'une région ou d'une nation ont été occupés et ont perçu un salaire normal pour une activité décente.
1°. Exercice d'une activité économique.
2°. Corollairement : Poste de travail.
3°. Par extension : Situation globale de l'activité dans un territoire, et pour une période donnée.
Le travail, activité professionnelle organisée à travers un groupe social et exercée d'une manière réglée. Elle est productrice d'utilité sociale pour les hommes (aidés ou non par des machines). Elle induit la fonction, le métier, la profes-

sion, le gagne-pain, l'emploi, continu ou partiel, l'intérim, le chômage.
Mesurée au besoin et au désir qu'elle satisfait, son utilité et sa valeur d'échange caractérisent ce facteur humain vital de la production.
Deux significations antagoniques s'affrontent au quotidien dans l'organisation sociale :
Servitude du travail continu, répétitif, à la chaîne, compartimenté, canalisé, dirigé, imposé, subordonné, passif, routinier, modeste, dépendant, ennuyeux, esclave, assujetti à l'horaire, obligatoire du manœuvre, de l'ouvrier et de l'employé sans qualification, du vacataire de la fonction publique par opposition à :
Epanouissement, liberté, indépendance, choix, plaisir, bonheur, fierté, chance du travail sans contrainte du créateur, de l'artisan, de l'auto-entrepreneur, de l'artiste, du chercheur, du libéral, de l'indépendant, du cadre dirigeant, du manager, de l'employeur, où la contribution créatrice évince l'obligation de présence selon un horaire strict.
Réservons notre seul mépris à la paresse et à l'oisiveté qui étiolent notre appareil productif. Paradoxe naturel, l'homme est le seul bipède de la planète qui travaille pour survivre, bien que la recherche de la nourriture par tous les bipèdes soit un travail extrêmement contraignant. (Recherche facilitée pour les hommes par le e-commerce).
« Deux conducteurs de train : - Que fais-tu ?
- Je conduis un TGV. Et toi, que fais-tu ?
- Je relie Bordeaux à Paris en 2h04 ».

Plein-emploi actif : le véritable plein-emploi actif est le volume d'emploi qui permet d'obtenir au moyen des facteurs de production le volume de richesses produites le plus important selon une évolution tenant compte des besoins de la collectivité. C'est l'ensemble de la population active potentielle occupée par un travail acceptable, estimable et respectable qui lui assure un revenu décent.

Le plein-emploi actif des hommes ou de la main-d'œuvre est atteint lorsque le rapport entre la population active effective et la population active potentielle est égal à 1.
En raison du chômage frictionnel incompressible (chômage marginal de transition entre deux emplois) estimé entre 1 et 3% de la population active au sens du BIT, Bureau international du travail, on considère que le plein-emploi actif est atteint lorsque ce rapport est plus ou moins égal à 0,97.

Employé : personne qui travaille dans un bureau, un magasin. Par extension, personnel salarié.

Employeur : personne qui occupe du personnel salarié. Force vive de l'appareil productif, c'est l'employeur qui crée l'emploi, par le développement de son entreprise.
Il paraît aberrant de décider de l'emploi et de ses perspectives sans le consentement de l'employeur qui possède une certaine expérience des affaires. Au contraire, privilégier l'employeur et l'entreprise et substituer l'expérience professionnelle au raisonnement technocratique favorisent le plein-emploi actif.
A force d'employer on devient employeur.

Employeurs familiaux : personnes qui emploient du personnel de maison.

Emprunt : contrat par lequel une personne obtient, à titre temporaire, l'usage d'une chose ou la disposition d'une somme d'argent. Les emprunteurs de Bercy et les économistes de salon seront bientôt sans crédit.
Expression comptable de la dette résultant de l'octroi de prêts remboursables à terme (les concours bancaires courants ne répondent pas à cette définition).

Endettement net global : capitaux empruntés ; il est constitué par les comptes d'associés, les capitaux empruntés à terme et les concours bancaires de trésorerie. Endette-toi comme un étourneau, et rembourse comme un épervier.

Endogène : qui prend naissance à l'intérieur d'un organisme, d'une discipline, qui est dû à une cause interne.
Avec une dialectique irrésistible, en économie, on reconnaît trop souvent des origines exogènes (voir la paille dans l'œil du prochain) afin de masquer les sources endogènes (ne pas voir la poutre dans le sien).

Energie grise : elle correspond à la dépense énergétique totale pour l'élaboration d'un matériau, tout au long de son cycle de vie, de son extraction à son recyclage en passant par sa transformation, une énergie évaluée en kWh/tonne.

Energie verte : on appelle électricité verte toute électricité produite à partir d'une source d'énergie renouvelable. Cela comprend à l'heure actuelle : l'énergie solaire dont le photovoltaïque et le thermique, l'énergie éolienne, l'énergie marémotrice, l'énergie houlo-motrice, l'énergie hydroélectrique, la géothermie, et la biomasse.

Engagement : acte qui fait naître une obligation à l'égard des tiers. Au pluriel : somme des obligations contractées et non encore exécutées.
Droits et obligations dont les effets sur le montant ou la composition du patrimoine sont subordonnés à la réalisation de conditions (ex. : cautions) ou d'opérations ultérieures (ex. : commandes).

Entente : accord implicite ou explicite entre entreprises en faisant exception à la concurrence.
Sont prohibées toutes les actions concertées, ententes ou coalitions qui visent à entraver le plein exercice de la concurrence, en empêchant les baisses et en favorisant les hausses

de prix, sauf preuve que ces mesures améliorent les conditions de la production ou ses débouchés.
L'entente est à l'industriel ce que l'ombre est à l'homme.

Entrepreneur : personne entreprenante qui dirige pour son compte une entreprise industrielle ou commerciale.
L'homme pressé, ignore-t-il que la vie est courte ?

Entreprise : organisation de production de biens ou de services à caractère commercial. Unité économique autonome organisée pour la mise en œuvre d'un ensemble de facteurs de production, en vue de produire des biens ou services pour le marché. Communauté d'hommes organisée en vue d'assurer sa pérennité, financièrement indépendante, qui offre un service à d'autres hommes, par une prestation, un produit, ou la conjonction des deux, le plus souvent dans un milieu concurrentiel à un prix qui couvre ses coûts et son profit pour lui permettre de prospérer dans un environnement dont elle dépend. (Rapports élastiques et visqueux entre l'offre et la demande).
Pour surmonter l'antagonisme fondamental qui oppose les intérêts du capital et du travail, s'offrent divers systèmes : cogestion, association capital-travail, participation, procédure d'intéressement aux résultats, répartition égalitaire du profit net... La digitalisation est le jeu de miroirs de l'entreprise.

Empirisme : une analyse est empirique lorsqu'elle se fonde sur les faits observables. Une vérification empirique est indispensable après toute théorisation.

Engénierie : *Engineering.* Activité de conception, d'étude et de coordination portant sur les diverses disciplines exercées par les ingénieurs et techniciens pour la réalisation, la modification ou la mise en service d'un ouvrage ou d'un ensemble d'ouvrages.

Quand j'ai informé mon ami ingénieur que je voulais écrire, il m'a demandé : « A qui ? ».

ENT* (environnement de travail numérique) : un espace numérique de travail ou environnement numérique de travail ou « bureau virtuel » ou « portail de services » est une plate-forme de travail collaboratif respectant un cahier des charges réalisé dans le cadre des TICE par l'Education nationale.

Environnement : les politiques de l'environnement se heurtent aux contraintes économiques, tandis que la préservation de la nature et des ressources naturelles reste une question essentielle à caractère mondial.
L'environnement changeant censure l'immobilité.

Epargne : affectation du revenu à la thésaurisation, à un placement, à un prêt ou à l'investissement direct.
Epargne excessive, vitalité compromise.

Epargne de précaution : affectation d'une partie du revenu à la thésaurisation en raison des incertitudes économico-politiques.

Equation* : relation conditionnelle existant entre deux quantités et dépendant d'une ou plusieurs variables (ou inconnues). Après avoir cherché, d'abord, la solution de ces équations sous forme d'expressions écrites ou de symboles abstraits, on recourt aux ordinateurs pour trouver une solution numérique au problème.

Equilibre : situation d'une économie dans laquelle les proportions des quantités globales permettent l'ajustement harmonieux des flux, la stabilité des prix et le fonctionnement satisfaisant de l'appareil économique.

La stabilité des prix est le symptôme le plus apparent et le plus connu de l'équilibre. Comme pour la bicyclette, la croissance doit avancer pour ne pas perdre l'équilibre.

Equipe : groupe de personnes unies dans une tâche commune. Le travail d'équipe fabrique un alibi pour se disculper en cas d'erreur et faire accuser un collègue.

Equité : notion de justice naturelle dans l'appréciation de ce qui est dû à chacun ; vertu qui consiste à régler sa conduite sur le sentiment naturel du juste et de l'injuste.

Equity : désigne les fonds propres d'une entreprise (capital social, résultat net, réserves ...).

Ergonomie : étude scientifique des conditions (psycho-physiologiques et socio-économiques) de travail et des relations entre l'homme et la machine.
L'ergonomie des tâches est un des facteurs-clés de l'amélioration du climat social dans l'entreprise.

Ergodique* : un signal est ergodique si on peut calculer sa moyenne en répétant la même expérience plusieurs fois plutôt que d'observer plusieurs expériences.

Escompte : opération dans laquelle une banque verse au porteur d'un effet de commerce le montant de celui-ci avant son échéance et sous certaines conditions.
Escompter pour se faire payer d'avance un effet, ce qui n'empêche nullement d'en escompter un bénéfice.

Espace économique européen, EEE : est la conjonction de l'Union européenne et de l'Association européenne de libre-échange. Zone économique intégrée (Modification récente avec le Brexit).

Espérance de vie : nombre moyen d'années restant à vivre pour un individu d'une génération donnée ayant atteint un âge donné. En France métropolitaine, en 2017, l'espérance de vie à la naissance des hommes est de 79,5 ans et celle des femmes de 85,4 ans. Les femmes vivent plus longtemps que les hommes, surtout ... quand elles sont veuves !

Espérance mathématique : indicateur de tendance centrale d'une variable aléatoire.

Estimation (théorie de) : ensemble des méthodes permettant de déduire, à partir des caractéristiques d'un échantillon d'unités statistiques tirées au hasard dans une certaine population statistique, les caractéristiques de la population tout entière. Les spécialistes de sondages d'opinion parlent souvent de fourchette pour désigner un intervalle de confiance. La valeur d'un produit de luxe est inestimable. C'est la raison pour laquelle on le tarife.

Etat-Providence : ensemble des interventions de l'Etat dans le domaine social, qui vise à garantir un niveau de bien-être à l'ensemble de la population, en particulier à travers un système étendu de protection sociale.
Un glissement progressif de **l'Etat-Providence** à un **Etat protecteur** est souhaitable, en conciliant les mesures de protection sociale (qui défendent en priorité les plus faibles et les plus pauvres, et fixent le curseur des règles d'indemnisation, équitable, modéré, économe), avec notre potentiel économique, afin d'éviter son naufrage.
Proposé dans le livre *Les Politiques sont-ils à l'Ouest ? Max Moreau, éditions L'Harmattan, 2016.*

Ethique : appliquée à l'économie, est la science de la morale, l'art de se comporter, d'agir et de diriger la conduite économique. L'éthique est un gros mot pour cacher l'immoralité.

La cupidité est trop souvent l'ombre des grands patrons !

Euro : le 1er janvier 1999, l'euro est devenu la monnaie unique de onze pays de l'Union européenne. Prévu par le traité de Maastricht signé en février 1992, ce passage à la monnaie unique est le résultat d'une longue expérience de coopération monétaire en Europe, inaugurée par le Système monétaire européen, SME.
Avec l'Euro, on a l'impression de dépenser six fois moins qu'avant !

Euro-Groupe : Institution informelle des pays de la zone euro. Organisme décisionnel en matière de politique économique et monétaire qui réunit chaque mois à Luxembourg les ministres des Finances des Etats membres de la zone euro.

Europhobe : Qui est opposé, hostile, au projet politique européen.

Evaluation des tâches : technique d'analyse du travail visant à exprimer celui-ci en termes de quantité.

Evasion : action du contribuable dont le but exclusif est de le placer dans les conditions les plus avantageuses au regard de la fiscalité. L'évasion fiscale est une chimère dont le geôlier est Bercy.

***Executive board*:** collège exécutif qui oriente et dirige l'entreprise.

Excédent : solde comptable ou différence entre les produits et les charges, entre les avoirs et les dettes, ou bien, enfin, entre les ressources et les débouchés.

Exclusion : conséquence du chômage de longue durée et de ressources insuffisantes, l'exclusion relève d'un problème d'intégration des individus à la société.

Exogène : qui provient de l'extérieur, qui se produit à l'extérieur ou qui est dû à des causes externes. Revoir **Endogène.**

Expansion : état d'une économie dans laquelle la production et la demande croissent en volume.
L'entreprise rampe dans l'adversité, mais prospère dans l'expansion.

Expert : personne choisie pour ses connaissances techniques et chargée de faire, en vue d'une consultation ou d'un procès, des examens, constatations ou appréciations de faits.
Avant d'accepter une mission d'expertise, l'expert indépendant doit s'assurer des incompatibilités de conflits d'intérêt.
La politique, l'économie, le journalisme, sont peuplés d'experts en ... généralités.

Expertise : mesure d'instruction par laquelle des experts sont chargés de procéder à un examen technique et d'en exposer le résultat dans un rapport au juge.
Plus il a d'expérience et de connaissances, plus l'expert s'aperçoit qu'il connaît de moins en moins de sujets.
D'après Oscar Wilde, « Un expert est un homme ordinaire qui donne son avis... quand il n'est pas à la maison ».

Exponentiel : caractère d'une quantité qui varie d'un pourcentage constant au cours d'un intervalle de temps.
L'incompétence des experts s'accroît exponentiellement avec l'augmentation des commissions ad hoc.

Exportation : vente de produits originaires du territoire national à des agents situés hors de ce territoire.

Extérieur : Comptabilité nationale : ensemble du monde en dehors du territoire métropolitain.

Externalisation : fait de confier une activité à une entreprise extérieure. Phénomène incontournable et risqué pour réduire les coûts et les délais de mise en œuvre.
Risques : divergence d'intérêts entre donneur d'ordre et partenaire, délais (éloignement), transfert de savoir-faire, difficultés sociales...

Extrapolation : prolongation hypothétique d'une loi, d'une fonction ou d'une grandeur au-delà des limites temporelles où elles son objectivement constatées ou observées. Trop souvent hasardeuse, l'extrapolation, par une réduction abusive, métamorphose une circonstance en idéologie.

7. F

***Fab lab** :* laboratoire de fabrication (FABrication LABoratory) désigne un atelier de machines-outils pilotées par ordinateur pouvant fabriquer ou modifier rapidement et à la demande des biens de nature variée (livres, objets décoratifs, outils,...).

Facteurs : éléments déterminants dans l'apparition d'un phénomène ou l'enchaînement d'un mécanisme.

Facteurs de production : sont les moyens utilisés pour produire les biens et services.
L'économie est aux sciences ce que le facteur est aux lettres.

Factoring **:** ensemble des opérations et des responsabilités de comptabilité, de recouvrement des créances et de contentieux avec des clients, effectuées et assumées pour le compte d'une entreprise industrielle et commerciale par une firme spécialisée (le *factor*).

Factorisation des entiers* : simple à poser, difficile à résoudre, concernant un nombre dont on sait qu'il est le produit de deux nombres premiers, mais on ne sait pas lesquels. S'il faut n chiffres pour écrire ce nombre, on ne connaît encore aucune méthode, ni manuelle, ni avec les ordinateurs actuels, qui garantisse qu'on puisse trouver ces deux facteurs en effectuant moins de en/3 opérations élémentaires (e =

2,71828...) : les seuls algorithmes connus pour la factorisation sont de complexité exponentielle.
La sécurité des systèmes de cryptage les plus répandus d'Internet repose sur la difficulté de l'obstacle à franchir.
On mesure quotidiennement ses limites (en mars 2018, des hackers russes ont infiltré le réseau interne du gouvernement allemand).

Facture : document daté délivré par le vendeur à l'acheteur et portant les noms du vendeur et de l'acheteur, la quantité, le prix et la désignation des marchandises vendues.
Si, pour un même montant d'investissement, on multiplie par 4 le nombre de factures, le profiteur de ristournes économise 75% sur chacune d'elles.

Faillite : situation juridique résultant d'un jugement des tribunaux en vue de sanctionner les fautes commises par les commerçants ou les dirigeants de société, dont l'entreprise est en état de cessation de paiements.
La faillite des caisses de retraite est due aux progrès de la médecine.

***Fair market value* :** juste valeur du marché.

Famille : Institution présente dans toutes les sociétés, elle se caractérise par des formes diverses. Les rôles économiques et sociaux, qu'elle remplit, lui garantissent la permanence.
Les membres de la famille sont des êtres à sang chaud qui perdent parfois leur sang-froid.

FCP : Fonds Commun de Placement : c'est un organisme de placement collectif à l'image des SICAV, mais avec un fonctionnement juridique légèrement différent.

FCPI : Fonds Commun de Placement dans l'Innovation : c'est un FCP investi dans les sociétés innovantes.

Fécondité (indicateurs de) : rapports permettant de comparer la fréquence des naissances parmi deux populations distinctes et, en particulier, dans la population d'un même pays au cours du temps.
Le passage à l'heure d'hiver augmente-t-il la fécondité ?

Filtre de Kalman* : il permet d'estimer à partir d'une série de mesures une quantité qui évolue avec le temps. Il minimise la somme des carrés des erreurs de mesure et de l'estimation initiale pondérées par leur précision.

Flux : mouvement d'un ensemble d'objets ou de valeurs déterminé par un ensemble d'opérations et de décisions de même sens. Il est toujours plus facile de doper les flux d'accroissement économique que d'obturer ses reflux.

Flux d'exploitation : ensemble de mouvements, partant d'un ou plusieurs points à destination d'un ou plusieurs autres points, mesurés pour une période déterminée.
En Comptabilité analytique, le terme flux est appliqué aux valeurs correspondant au processus d'exploitation : charges courantes, coûts, produits courants.
« L'Amont » est l'origine du processus, « L'Aval », son aboutissement.

FMI : Fonds monétaire international. Organisation internationale spécialisée comprenant la plupart des Etats membres des Nations unies, chargée de veiller au bon fonctionnement du système international.
Les recommandations occidentales sont toujours mal perçues par les Asiatiques, les Africains, les Orientaux et

Moyen-Orientaux, bref, par toute la planète, à l'exception des ... Occidentaux.

Fonction d'offre : c'est la relation entre les quantités offertes d'un bien, d'un service, de travail, par rapport au prix d'offre. Cette fonction est croissante. Sa dérivée est donc positive.

Fonction de demande : cette relation entre les quantités demandées d'un bien, d'un service, de travail, par rapport au prix de la demande. Cette fonction est décroissante. Sa dérivée est donc négative.
La demande sans nécessité est pire que l'offre d'excédents.

Fonds alternatif : fonds utilisant des stratégies multiples afin de diminuer le risque du fonds, tout en accroissant son rendement.

Fonds de commerce : ensemble d'éléments mobiliers, corporels ou incorporels mis en œuvre par un commerçant ou un industriel dans l'établissement qu'il exploite.
La digitalisation est au commerce ce que la rapidité est à la conclusion des affaires.

Fonds vautour : fonds d'investissement spéculatif qui se spécialisent dans l'achat à bas prix de dettes émises par des détenteurs en difficulté ou proches du défaut de paiement, qu'il s'agisse de dettes d'entreprises ou de dettes souveraines.

Fongible : désigne un bien qui est remplaçable par un autre bien du même genre. Le blé est une matière fongible.
Dans tous les sens du terme !

Fordisme : le fordisme intègre le taylorisme et crée le principe de la chaîne continue qui implique la soumission à la cadence de l'ensemble « homme-machine ». Il introduit l'idée de la standardisation des pièces et des produits, pour obtenir

des produits de fabrication bon marché, susceptibles de se vendre en masse.
Le fordisme a un faible pour la clientèle. La preuve : « Vous pouvez choisir la couleur de votre voiture, à condition qu'elle soit noire ». Henry Ford.

Formation : ensemble de connaissances théoriques et pratiques dans une technique, un métier ; leur acquisition.

Formation professionnelle, dont le but est de donner au travail une qualification technique donnée.

Formation continue, processus d'apprentissage qui permet à un individu d'acquérir des savoirs et savoir-faire actualisés, nécessaires à l'exercice d'un métier.
Former rapidement un salarié qui fait bien son travail est plus laborieux que d'améliorer la formation d'un salarié qui accomplit mal sa tâche.

***FPGA, Field programmable gate array** :** ils se situent à mi-chemin entre les microprocesseurs et les circuits à façon. Les premiers sont programmables, alors que la fonctionnalité des seconds est définitivement figée dans le silicium.

Fracture numérique* : fracture Numérique Générationnelle ou culturelle, est le clivage fort dans la société sur les usages Internet. (Nouvelle génération née avec Internet, natif numérique, *digital native*).

Frais fixes, frais variables : charges supportées par l'entreprise, et dont le montant est lié soit à la taille et à la structure de l'entreprise (frais fixes), soit au niveau et au rythme de son activité (frais variables).

Franchisage : contrat par lequel une entreprise concède à des entreprises indépendantes, en contrepartie d'une redevance, le droit de se présenter sous leur raison sociale et leur

marque pour vendre des produits ou services. *Franchising.* Contrat accompagné d'une assistance technique.
Plus le contrat parle de franchise et de sincérité, plus les risques de manœuvre et de duplicité sont élevés.

FRS, Federal reserv system : réserve fédérale américaine : Ensemble des institutions assumant aux USA les fonctions de Banque centrale.

Fraternité : lien existant entre les hommes considérés comme membres de la famille humaine ; sentiment profond de ce lien. Le Français se gargarise de fraternité, frôle l'égalité et vénère la liberté.

Fusion : mise en commun de tous les biens ou activités de plusieurs sociétés en vue de la création d'une société nouvelle ou de l'absorption par l'une d'entre elles de toutes les autres.
Voir aussi **Acquisition** : Fusion-acquisition.
Comme le lui rappelle la fable de Jean de La Fontaine « La grenouille qui se veut faire aussi grosse que le bœuf », le chef d'entreprise ne doit pas ignorer qu'il risque le ridicule et sa renommée. En échouant dans une fusion-acquisition trop ambitieuse.

8. G

G 7, G 20 : groupe des 7 et des 20 pays les plus riches du monde.

GAFA ou désormais GAFAM* : acronyme constitué des géants les plus connus et les plus puissants de l'économie numérique (Google, Apple, Facebook, Amazon, Microsoft).
De nombreuses pannes de sécurité (dont plusieurs attaques par déni de service) ont été à déplorer, montrant la fragilité localement d'Internet (des milliers de sites en rade !).
La course au gigantisme, n'est-ce pas un galop autodestructif ?

Gage : objet mobilier appartenant à un débiteur et déposé par lui entre les mains d'un créancier pour sûreté de sa dette.

Gantt (graphiques et systèmes de) : méthode de représentation graphique linéaire de l'évolution des diverses grandeurs caractéristiques du fonctionnement d'une entreprise mise au point par l'ingénieur américain Gantt.
Trois types principaux d'application : 1. Le graphique du travail des ouvriers et des machines. 2. Le graphique de la répartition du travail (distribution des tâches). 3. Le graphique de l'avance du travail (comparaison prévisions/réalisations).

Système de Gantt : système de salaire fondé sur des primes au rendement et destiné à intéresser les cadres de maîtrise à l'accroissement de celui-ci.

***Gap* (inflationniste, technologique,...) :** écart entre les niveaux économiques. Signifie trou en anglais. Se traduit selon les cas par écart (inflationniste), déficit (commercial), pénurie (*dollar gap*), retard (technologique).

Gaspillage : mauvaise utilisation des ressources économiques.

***GATT* :** voir précédemment **Accord général sur les tarifs et le commerce.**

GED* : la gestion électronique des documents GED désigne un procédé informatisé visant à gérer des informations et des documents électroniques au sein d'une organisation.

***Geek** :** terme d'argot américain, désigne à l'origine une personne bizarre, perçue comme trop intellectuelle. Terme revendiqué sur Internet.

Géolocalisation* : la géolocalisation est un procédé permettant de positionner un objet, un véhicule, ou une personne sur un plan ou une carte à l'aide de coordonnées géographiques. Certains systèmes permettent également de connaître l'altitude (géolocalisation dans l'espace en 3D).
Cette opération est réalisée à l'aide d'un terminal capable d'être localisé grâce à un système de positionnement par satellites et un récepteur *GPS, Global Positioning System*, ou son alternative européenne Galiléo, en cours de déploiement.

Gestion : mise en œuvre des ressources de l'entreprise en vue d'atteindre les objectifs préalablement fixés dans le cadre d'une politique déterminée.

Gestion budgétaire : mode de gestion consistant à traduire en programmes d'actions chiffrés, appelés « budgets », les décisions prises par la direction avec la participation des responsables.

Gestion prévisionnelle : mode de gestion qui repose sur un modèle représentatif des activités futures de l'entreprise. Ce modèle exprime le choix des moyens retenus pour atteindre les objectifs fixés.

GIE : Groupement d'intérêt économique. Entité juridique dotée de la personnalité morale et de la capacité juridique, constituée par contrat entre deux ou plusieurs personnes physiques ou morales en vue de mettre en œuvre tous les moyens propres à faciliter ou à développer l'activité économique de ses membres, à améliorer ou à accroître les résultats de cette activité.

Gif*, Graphics interchange format* **:** est une illustration animée très utilisée sur les réseaux sociaux.

Gigaflops* : un million de flops : c'est l'unité de mesure de la vitesse de calcul d'un ordinateur ou d'un processeur.

Glissement : variation du niveau d'une grandeur économique ayant le caractère d'un agrégat, due uniquement aux modifications de la structure de cet agrégat. Glissement de prix quand la structure de consommation évolue. Glissement de la mortalité quand la pyramide des âges d'une population se déforme.
Mettre un pied dans l'économie, n'est-ce pas glisser dans des idées générales avec un excès de confiance ?

Globalisation des marchés : représente la mise en place des réseaux mondiaux de production et d'information, en particulier des nouvelles technologies d'information et de communication, NTIC.

Golf : sport qui consiste à faire pénétrer, en la propulsant au moyen d'une canne, une balle dans des trous disposés le long d'un parcours parsemé d'obstacles (pièces d'eau, talus, broussailles, bunkers, etc...).
Mais pourquoi quelques égarés s'entêtent-ils à arpenter pendant des heures des mamelons vernissés de gazon anglais pour envoyer cette diablesse de petite balle blanche dans un trou minuscule ?

***Goodwill* :** ensemble des éléments non matériels qui contribuent à la valeur d'une maison de commerce établie (En anglais : bonne volonté).
Lorsqu'une société prend le contrôle d'une autre société, elle paye en général un prix supérieur à la valeur des capitaux propres.
Le *Goodwill* est l'écart entre le prix payé et les capitaux propres de la société achetée.

Goulot : insuffisance d'un facteur de production, par rapport à la demande.
Le culot n'est pas suffisant pour supprimer le goulot d'étranglement.

Gouvernance : manière de gouverner, d'exercer le pouvoir.
L'inflation et la dette publique, sont les marqueurs d'une faible gouvernance.

GPRS*, Global packet radio service : Evolution du standard *GSM* qui permet des transferts de données par paquets et qui a préparé l'arrivée de *l'UMTS* (3G & 4G).

GPS*, Global positioning system : Système mondial de posotionnement, Guidage par Satellite, est un système de

géolocalisation fonctionnant au niveau mondial, accessible au grand public.
Le système Galileo, concurrent européen du GPS, sera opérationnel en 2020.

Graphe d'interconnexion : graphe où les nœuds représentent les objets informatiques et où les objets sont reliés par un arc s'ils peuvent communiquer.

Greed **:** appât du gain.

Green It*, Green information technology : informatique verte, éco-responsable, un concept qui désigne un état de l'art informatique qui vise à réduire l'empreinte écologique, économique et sociale des technologies de l'information et de la communication, TIC.

Greenwashing : anglicisme qui sert à désigner les pratiques consistant à utiliser abusivement un positionnement ou des pratiques écologiques à des fins marketing (publicité trompeuse).

Grève : cessation volontaire et collective de travail, non rémunérée, décidée par les salariés pour obtenir des avantages professionnels, matériels ou moraux (objectif revendicatif).
« La seule grève, qui n'embête personne, est la grève de la faim ». Jean Amadou.

Grid computing* **:** grille informatique, qui représente un ensemble coordonné de ressources informatiques, à grande échelle, dont le but est de fournir une qualité de service très performante. Il ne s'agit pas simplement d'échanger des fichiers, mais de permettre un accès direct aux ordinateurs, aux logiciels, aux données et autres ressources qui composent la grille. Elle n'est pas assujettie à une commande cen-

tralisée, mais utilise des protocoles et des interfaces ouverts, d'usage universel.
A-t-on atteint le seuil critique de complexité ?

Grids* : grille informatique, infrastructure virtuelle constituée d'un ensemble de ressources informatiques potentiellement partagées, distribuées, hétérogènes, délocalisées et autonomes.

Grille* : pour les calculs complexes, l'informaticien les découpe en multiples tâches qu'il attribue à différents ordinateurs pour les effectuer simultanément. Pour exploiter cet outil, les chercheurs conçoivent de nouvelles méthodes de programmation capables de rendre transparente la diversité des matériels.

Growth Hacking* : modèle « Acquisition, Activation, Rétention, Revenue, Referaal), est un ensemble de techniques innovantes visant à développer rapidement la croissance d'une startup, parfois même gratuitement. Poste phare du moment, les *Growth Hackers* sont des personnes ingénieuses, maîtrisant, chiffres, nouveaux outils, veille, avec une forte curiosité d'esprit.

GSM*, Global system for mobile communications : Il s'agit d'un standard de téléphonie mobile utilisé principalement en Europe et en Asie.

9. H

Hackathon* : mix de *Hack* et de *Marathon*, désigne un type d'événement initié par les communautés de développeurs qui consiste à se réunir en un même lieu durant 48 ou 72h pour développer un projet innovant.

Hacker : exploreur de systèmes via Internet n'ayant pas obligatoirement l'intention de nuire. Voir aussi ***Cracker***.

Hedge funds : fonds d'investissement à haut risque portant principalement sur des produits à effet de levier particulièrement élevé, c'est-à-dire permettant, pour des mises limitées, d'opérer sur des montants beaucoup plus importants, mais avec des risques considérables.
Fonds spéculatifs : leurs dirigeants sont rémunérés en fonction de leurs performances. La spéculation est un luxe qu'on devrait interdire en Bourse, en particulier dans deux cas : quand on n'en a pas les moyens et ... quand on les a.

Hédonisme : conception de l'économie selon laquelle la raison et le but de toute activité économique ne sont au fond que la poursuite du maximum de satisfaction avec le moindre effort (recherche du plaisir, évitement de la douleur). L'offre de produits de luxe vise en priorité l'hédoniste.
Plein d'assurance et dépourvu de jugeote, l'hédoniste est persuadé que le recours aux plaisirs est le moyen le plus sûr pour supporter les rigueurs de la vie.

Holding : société dont l'objet consiste à prendre et détenir des participations dans d'autres entreprises en vue d'en contrôler ou d'en diriger l'activité. Société qui se contente de détenir des actions d'autres sociétés. Souvent utilisée pour contrôler d'autres sociétés.

Holding trust ou ***Investment trust*** : société de placement de fonds, qui gère un portefeuille de valeurs mobilières.

Holocratie* : est un système d'organisation de la gouvernance fondé sur la mise en œuvre formalisée de l'intelligence collective. Opérationnellement, elle permet de disséminer les mécanismes de prise de décision au travers d'une organisation fractionnée.

Homologique : qui concerne des éléments homologues qui se correspondent à l'intérieur d'ensembles différents et qui sont liés par une relation.
Raillerie entendue dans un bistrot : « Le Président français a une intelligence plus élevée que son homologue américain ».

Homme d'affaires : homme ayant une fonction de direction ou de décision dans l'économie privée. ***Businessman.***
Le véritable homme d'affaires ne gaspille pas son temps à rédiger ses mémoires et n'a pas l'air dédaigneux.

Homo oeconomicus (Homme économique) : modèle abstrait de l'homme construit par la théorie classique à partir d'éléments rationnels et pris comme unité élémentaire de décision économique. C'est un être intéressé, rationnel, universel, intemporel, qui se meut dans un milieu aseptique. Son mobile essentiel est son propre intérêt. Il pèse ses décisions par la rationalité afin d'atteindre le profit maximal. Modèle universel, il évolue dans un marché concurrentiel.

Homo sapiens : homme en tant qu'espèce capable de pensée abstraite, de connaissance. Homme moderne caractérisé par l'aptitude mentale de l'homme. La seule espèce humaine survivante de tout notre arbre généalogique.

Horloge* : permet la synchronisation de toutes les actions de l'unité centrale. Elle est présente dans tous les processeurs dits ynchrones.

Hors-sol : Se dit d'un mode d'élevage où l'approvisionnement alimentaire des animaux ne provient pas, pour l'essentiel, de l'exploitation elle-même. Egalement, culture hydroponique hors-sol.
Quelqu'un déconnecté des réalités.
C'est nouveau, ça vient de sortir...

Hubs : Plate-forme de correspondance, pôle, plaque tournante, point central d'un réseau de transport. Cette plaque tournante assure par sa concentration un maximum de correspondances. Ce concept est utilisé et théorisé dans les domaines des transports routiers, ferroviaires maritimes et aériens.

Humanisme : théorie, doctrine qui prend pour fin la personne humaine et son épanouissement, qui s'attache à la mise en valeur de l'homme.
Il est beaucoup plus facile de pérorer sur l'humanisme que de rendre service à son collègue de bureau.

Hypermarché : point de vente non spécialisé, de grande superficie (plus de 3000 m2), largement organisé en libre-service très développé, disposant de vastes assortiments, et pratiquant une politique de bas prix. Le concept hypermarché progresse vers celui du cybermarché robotisé.

Hypertrophie : développement excessif, anormal. Exagération, excès. Gouvernants, managers, intellectuels, énarques, habitués des médias, souffrent cruellement d'une hypertrophie de leur ego.

Hypothèque : droit réel accessoire (conférant droit de préférence et droit de suite) accordé à un créancier sur un bien (en principe immeuble), sans que le propriétaire du bien grevé en soit dépossédé. Si l'hypothèque est donnée en gage à un emprunt et que l'emprunt ne soit pas remboursé, l'hypothèque servira de caution.
A Dieu ne plaise : Hypothèque n'est pas un pharaon égyptien !
Une dette flottante est un radeau hypothéqué.

Hypothèse : c'est une idée que retient le scientifique, le chercheur, l'économiste pour construire une théorie. L'objectif sera de vérifier empiriquement que cette hypothèse est valide. La certitude est à l'hypothèse ce que le miracle est à l'ordinaire.

10. I

IaaS* : l'infrastructure *IaaS* est l'une des trois principales catégories de services de *cloud computing*, avec *Platfom as a Service PaaS* et *Softaware as a Service SaaS*. Conçu par le fournisseur, comme un *Cloud* le plus sécurisé possible.

IBAN : Identification Bank Account Number : c'est un numéro qui permet d'identifier un compte bancaire au niveau international.

iCloud* : système de *Cloud* d'Apple spécialement dédié à ses terminaux : MacBook, iPad, iPod, Touch ou iPhone. L'idée ici est d'offrir un espace de stockage gratuit (à hauteur de 5 Go) à chaque utilisateur, pour mémoriser dans le *Cloud* ses données : musique, photos, messages, contacts, calendrier ou encore ses signets Web. Au-delà de 5 Go, l'espace est à louer à l'année (10 Go supplémentaires pour 16€, 20 Go pour 32€ et enfin 50 Go pour 80€).

I.C.M : Institut du cerveau et de la moelle épinière : est un centre de recherche de dimension internationale, sans équivalent dans le monde, innovant dans sa conception comme dans son organisation, en réunissant en un même lieu malades, médecins et chercheurs, l'objectif est de permettre la mise au point rapide de traitements pour les lésions du système nerveux afin de les appliquer aux patients dans les meilleurs délais. Venus de tous les horizons et de tous les

pays, les meilleurs scientifiques y développent les recherches les plus à la pointe dans ce domaine.
ICM, Hôpital Pitié Salpêtrière, 47 Boulevard Hôpital 75013 PARIS.

Iconoclaste : qui cherche à détruire tout ce qui est attaché au passé, hostile aux traditions.
Mot dont la plupart des Français ignorent la signification. Employé par les intellectuels pour asseoir leur supériorité condescendante.

Idée : représentation abstraite et générale d'un être, d'une manière d'être ou d'un rapport, qui est formée par l'entendement. La France est peuplée d'idées et désertée par la volonté.

Idée-force : état mental correspondant à la fois à un discernement (germe de l'idée) et à une préférence (germe de l'action).

Idée fixe : idée ou état mental, qui semble attaché à un référent stable. Idée dominante dont l'esprit est obsédé. Guidé par une idée fixe, à force de chercher l'impossible, on trouve.

Identité : Juridique : le fait, pour une personne, d'être un individu donné et de pouvoir être légalement reconnu pour tel sans nulle confusion grâce aux éléments (état civil, signalement) qui l'individualisent (reconnaissance de ce qu'il est, par lui-même ou par les autres). Le fait d'appartenir à un groupe humain et de le ressentir.
La laïcité est un point essentiel de l'identité française (émancipation du religieux par la loi de 1905).
Nos gouvernants s'invitent plus facilement dans ce débat sans fin, plutôt que de s'attaquer au vrai problème économique de la France : circonscrire la dette.

Identité numérique* : les réseaux sociaux et les blogs ont provoqué la prolifération des données personnelles sur le Web. Chaque utilisateur dispose d'une véritable « identité numérique » constituée des informations qu'il a rentrées dans ses profils, de ses contributions (par exemple dans les blogs) et des traces qu'il a laissées sur les sites web visités... et il doit la gérer.
Se pose la problématique de la sécurité de l'information et plus particulièrement des données personnelles.

Idéologie : système d'opinions, de principes et d'idées caractérisant une doctrine. La doctrine se rapporte aux bases philosophiques d'une logique de raisonnement et de comportement. L'idéologie, fait référence aux attitudes mentales liées à cette base doctrinale.
Dans la terminologie marxiste, l'idéologie est l'ensemble des attitudes mentales (logique, morale) qui constituent la superstructure de la société, liée à l'organisation des rapports de production (idéologie dominante de la classe dominante imposée par la classe dirigeante au corps social). L'idéologie, à la base des systèmes et des régimes économiques, les justifie ou les condamne.
L'arme nucléaire et la cyber-défense sont impuissantes à combattre l'idéologie marxiste ancrée au tréfonds de nombreuses âmes.

IETF*, Internet engineering task force : c'est l'organisme de standardisation d'Internet, qui définit l'évolution de l'architecture et du fonctionnement du réseau.

IFI : Impôt sur la Fortune Immobilière. L'ISF a été remplacé dans le cadre du projet de loi des Finances 2018 par un impôt sur la fortune immobilière IFI pesant uniquement sur les actifs immobiliers.

IFOP, Institut français d'opinion publique : précurseur sur le marché des sondages d'opinion.
A la question : « Etes-vous satisfait de la politique menée par le Président ? 57% répondent Oui, 69% répondent Non ». Cherchez l'erreur.

Illiquide : se dit pour qualifier un marché (ou une action) avec peu de transactions et dans lequel les acheteurs ont du mal à trouver des titres ou les vendeurs des difficultés à en acheter.

Imagerie médicale* : elle regroupe les moyens d'acquisition et de restitution d'images du corps humain à partir de différents phénomènes physiques tels que l'absorption de rayons X, la résonance magnétique nucléaire, la réflexion d'ondes ultrasons ou la radioactivité, auxquels on associe parfois les techniques d'imagerie optique comme l'endoscopie.

Images de synthèse* : l'infographie est l'art de l'image numérique. Elle définit les graphismes créés et gérés par ordinateur, dont la gestion se base sur une station graphique composée d'éléments matériels comme le processeur et la carte graphique (leurs puissances déterminent la vitesse de réponse), les outils d'acquisition comme le numériseur ou la caméra banc-titre, les outils de manipulation comme la souris ou la tablette graphique.

Imagination : faculté de créer en combinant des idées.
Première qualité de l'artiste, du chercheur ou de l'entrepreneur, ce qu'il imagine.
« L'imagination est plus importante que le savoir ». Albert Einstein
Songer à tutoyer les étoiles fertilise l'imagination.

Imbécile : personne qui est dépourvue d'intelligence, qui parle, et agit sottement. Un imbécile qui marche va plus loin qu'un intellectuel assis. Leur force est leur nombre.

Immersion* : l'état immersif est un état psychologique où le sujet cesse de se rendre compte de son propre état physique et se concentre.

Immigration : afflux de population dans un espace donné. L'immigration peut être propre au territoire national ou à des territoires intérieurs à l'espace national. On parle, dans ce cas, d'immigration interne ou régionale. Au 1er janvier 2014, l'immigration représente en France 7,7 millions de personnes, soit 11,6% de sa population (dont 5,5 millions nés hors de l'Union européenne). Défi du processus migratoire : migrants économiques, droit d'asile, nombre, mariages mixtes, étudiants, immigration subie, immigration choisie).
Pour le migrant, l'immigration est un exode, une véritable odyssée (défi droit d'asile – sécurité des frontières).

Immobilisations : ensemble des biens de toute nature acquis ou créés par l'entreprise pour être utilisés durablement par elle pour l'exercice de son activité.
Inscrites à l'actif, elles comprennent les immobilisations corporelles (terrains, constructions, matériel, outillage, matériel de transport, mobilier, agencement, installations) et les immobilisations incorporelles (brevets, fonds de commerce, licences, marques, concessions humaines...).
Les objectifs de l'entreprise mobilisent parfois les salariés. Ils immobilisent souvent leur imagination.

Immobilisations (non financières) : éléments corporels et incorporels destinés à servir de façon durable à l'activité de l'entreprise. Ils ne se consomment pas par le premier usage.

Immobilisations corporelles : choses sur lesquelles s'exerce un droit de propriété. Ces immobilisations se répartissent au bilan, lorsqu'elles sont terminées, sous les rubriques suivantes : terrains (y compris agencements et aménagements des terrains) ; constructions ; installations techniques, matériel et outillage industriels ; autres immobilisations corporelles.
Et lorsqu'elles ne sont pas terminées, sous la rubrique : immobilisations en cours.

Immobilisations financières : catégorie d'immobilisations constituée par certaines créances et certains titres (titres de participation, valeurs mobilières immobilisées).

Immobilisations incorporelles : immobilisations autres que les immobilisations corporelles et les immobilisations financières.

Impasse : insuffisance des recettes définitives par rapport à l'ensemble des dépenses de toute nature qui sont recensées dans la loi de finances. Le principe de l'équilibre des recettes et des dépenses budgétaires (déficit = 0) n'a malheureusement pas pris valeur de mythe chez nos gouvernants.
L'inconscience et l'égoïsme générationnels sont les motifs de l'impasse budgétaire.
Termes rugbystiques et de tables de jeu de casino, passe, impasse, impair et manque, soulignent l'aléatoire, la maladresse, la vulnérabilité, le risque et le danger d'achopper de l'impasse budgétaire.

Impérialisme : politique de domination économique.
Politique d'un Etat visant à réduire d'autres Etats sous sa dépendance politique ou économique. Le monde capitaliste accuse le monde socialiste d'impérialisme et... réciproquement. C'est, tout bonnement, la domination des faibles par les forts, des exploités par les exploiteurs.

Importation : achat de produits originaires de l'étranger à des agents extérieurs au territoire national.
Le développement des exportations entraîne, par voie de conséquence, celui des importations.

Impôt : prélèvement pécuniaire obligatoire définitif et sans contrepartie immédiate sur les ressources des personnes physiques et morales, propre à couvrir les dépenses d'intérêt général d'une collectivité (effectué par l'Etat ou les collectivités territoriales).
Personnel ou de quotité, progressif, proportionnel ou fixe, direct ou indirect, ventilé en 3 rubriques conformément au système européen de comptes nationaux et à son harmonie fiscale : impôts liés à la production, impôts sur le revenu, impôts en capital.
Les bêtises, c'est comme les impôts, on finit toujours par les payer à plus ou moins long terme.

Imprévision (théorie de l') : principe de droit administratif suivant lequel les difficultés d'exécution d'un contrat résultant de l'apparition de faits nouveaux et imprévisibles peuvent justifier la remise en cause des termes de ce contrat. Cette théorie est-elle applicable à la récente annulation du projet de l'aéroport de Notre-Dame-des-Landes à Nantes ?
Le génotype de l'imprévisibilité caractérise-t-il les hauts fonctionnaires de l'appareil d'Etat ?

Imprimante 3d* : l'impression tridimensionnelle, ou stéréolithographie, est une technique de production industrielle développée pour le prototypage rapide en plastique, cire ou métal. Elle permet de produire un objet réel à partir d'un fichier CAO en le découpant en tranches, puis en déposant ou solidifiant la matière couche par couche pour, en fin de compte, obtenir la pièce déterminée.

BeAM, présidé par Emeric d'Arcimoles, basé à Strasbourg, est lauréat 2015 des Trophées de l'aéronautique, catégorie Innovations.

Imprimante de cartes plastiques (carte de crédit, d'identité, de fidélité)* : fabrication et commercialisation de cartes plastiques. EVOLIS, leader mondial, créé et managé par le Tarbais Emmanuel Picot (basée à Angers, 300 collaborateurs, 125 pays, filiales à Miami, Singapour, Bombay, Shanghai).

Imputation : affectation d'une écriture ou d'une opération au compte, au service ou à la fonction dont elles relèvent. Imputation du montant en valeur pour la comptabilité. Imputation à une rubrique d'identification recette ou dépense réalisée pour le budget.

Inadéquation : caractère de ce qui n'est pas adéquat. A l'inverse de la convenance. Un défaut d'adéquation conduit inévitablement à l'inadéquation.

Incertain : qui n'est pas fixé, déterminé à l'avance, qui peut ou non se produire dans l'avenir.
L'économie se valorise par l'incertitude de ses prévisions.

Incitation : moyen de provoquer chez des agents de l'économie un comportement jugé souhaitable par les responsables de la politique économique. (Incitations psychologiques, diffusion d'informations, d'ordre financier, dispositions fiscales, subventions, primes, garanties, bonifications d'intérêts d'emprunt, facilités administratives).
La valeur d'une incitation réside dans sa précarité et dans la mesure de ses résultats. La conscience du danger nous incite à prendre des risques.

Incorporation (des réserves et des bénéfices) : opération consistant à augmenter le capital social d'une entreprise en y affectant tout ou partie des réserves antérieurement constituées et des bénéfices non encore affectés. (Par élévation du montant nominal des actions, ou par distribution gratuite d'actions nouvelles ou par la combinaison des deux systèmes). Elle permet d'améliorer le portefeuille des propriétaires et d'augmenter la surface de la société (capacité d'engagements et d'emprunts).

Incubateur* : un incubateur d'entreprises est une structure d'accompagnement de projets de création d'entreprises.

Indécision : manque de décision ; caractère, état d'une personne indécise. « C'est l'indécision qui fait perdre le plus de temps ». Charles Flory.

Indépendance économique : situation de quelqu'un de la séquence informationnelle qui n'est tributaire de personne sur le plan matériel, moral ou intellectuel.

Indexation : action consistant à lier la valeur d'un capital ou d'un revenu à l'évolution d'une variable de référence (prix, production, productivité, par exemple).
Concerne les contrats de fournitures et de travaux, les emprunts, les garanties, les assurances, les liquidations, les salaires et revenus assimilés.
L'indexation s'interdit la mise à l'index d'un agrégat.

Indicateur : variable dont certaines valeurs sont significatives d'un état, d'un phénomène économique.

Indicateur d'alerte : indice simple ou composé traduisant l'évolution d'une grandeur économique ou financière, et affecté d'un seuil de variation dont le franchissement indique que la réalisation de certains objectifs peut être compromise.

Clignotants qui contribuent à constituer un baromètre ou un tableau de bord. Les indicateurs d'alerte majeurs concernent les prix, les échanges extérieurs, la production, l'investissement productif et l'emploi.
L'information continue tient les esprits en état d'alerte permanent.

Indice : quantité mesurant de façon synthétique l'évolution d'une grandeur (ou d'un ensemble de grandeurs) dans le temps ou dans l'espace.
En économie, à force de guetter le moindre indice, on finit par découvrir l'indice de lassitude.

Indice boursier : instrument de mesure de performance des actions ou des obligations. Les indices boursiers reflètent l'évolution du marché ou d'un secteur et représentent la moyenne (simple ou pondérée) des cours de l'échantillon des valeurs qui le composent.
CAC 40, Dow Jones, Nasdaq, Euro Stoxx...

Indice boursier européen : les indices boursiers globaux européens s'inscrivent dans le paysage boursier des places financières européennes. Dow Jones Stoxx, Dow Jones Euro Stoxx.

Indice composite : permet de fournir une mesure statistique de la performance notamment de multiples actifs, ou d'un secteur économique ou financier, ou enfin, d'un marché pour une certaine période de temps. Un indice composite peut ainsi synthétiser l'évolution de plusieurs indices boursiers.

Indices (option sur) : une option sur indice, comme toutes les options, est un produit dérivé ouvrant droit à l'achat ou à la vente d'une quantité déterminée d'un sous-jacent, représenté ici par un indice boursier, tel que le CAC 40, pour un prix fixé, durant une période précise ou à la date d'échéance prévue.

Indécidabilité* : une propriété mathématique est dite indécidable s'il n'existe aucun algorithme permettant de la résoudre en toute généralité. Des cas particuliers peuvent être résolus, mais pas tous.
Il n'y a pas qu'en mathématiques que les indécidables sont des comportements qui traduisent l'indifférence.

Individualisme méthodologique : en microéconomie et pour une catégorie donnée d'agents, on considère qu'ils adoptent un comportement identique.
Les producteurs maximisent leur profit sous contrainte de leurs coûts de production. Les consommateurs maximisent leur satisfaction sous contrainte de leur revenu et du temps dont ils disposent.
La démocratie se confronte à la quadrature du cercle : diluer l'individualisme dans le communautarisme.

Inégalité : fait pour deux ou plusieurs choses ou personnes de ne pas être égales ; caractère inégal, différence, disparité, déséquilibre, disproportion.
L'inégalité engendre injustice, dégoût et souffrance.

Inférence : opération logique par laquelle on admet une proposition en vertu de sa liaison avec d'autres propositions déjà tenues pour vraies. Acte de l'esprit placé dans une classe particulière.

Infinitésimal : on dit qu'une variation est infinitésimale lorsque cette variation tend vers zéro. Elle est donc infiniment petite.
L'abondance des expressions économiques est en raison inverse de la petitesse de l'articulation des facteurs économiques.

Inflation : augmentation du niveau général des prix (si le prix d'un seul bien augmente, on ne parle pas alors d'inflation). Phénomène général d'ajustement, par voie monétaire, des tensions s'exerçant dans un ensemble socio-économique et caractérisé par la hausse du niveau général des prix et la dépréciation de la monnaie. Distorsion entre les flux monétaires (masse monétaire disponible) et les flux réels (biens et services disponibles). Souvent lié au désajustement entre la demande et l'offre.
Trois conséquences majeures du phénomène inflationniste :

1. Les effets directs de la hausse des prix : maintien ou accroissement des revenus des bénéficiaires de la hausse des prix et des détenteurs de capitaux.
2. Les pressions et tensions intérieures : tension sur les salaires (revendications), dette allégée par l'inflation (situation de l'emprunteur plus favorable).
3. Les conséquences extérieures : freinage des exportations (prix trop élevés), renchérissement des services intérieurs (tourisme, transports).

Tactiques anti-inflationnistes : Actions sur les effets et sur les causes, contrôle des prix, desserrer les goulots d'étranglement pour redonner de la souplesse à l'offre, importations « de choc », harmonisation des revenus, frein de la demande (restriction du crédit à la consommation, limitation des dépenses publiques, aggravation de la fiscalité).
La réduction durable ou la prévention de l'inflation s'appuient sur la capacité d'adaptation de l'appareil productif, un contexte international favorable et la stabilité politique (équilibre politique et social).
L'inflation est la panacée d'une piètre gouvernance.

Influenceur* : toute personne active sur les réseaux sociaux qui, par son statut, sa position ou son exposition médiatique, est capable d'influencer les habitudes de consommation (sollicités par les marques, les entreprises, les politiques...).

Information économique : renseignement ou évènement économique qu'on porte à la connaissance des économistes, des gouvernants et du public.
L'obsession de l'immédiateté porte atteinte à la qualité de l'information.

Informatique* : ensemble de disciplines et de techniques concourant au traitement automatique et rationnel de l'information, support des connaissances de l'homme, aux fins de leur conservation dans le temps et de leur communication dans l'espace.
Voir Cloud, Digitalisation, Numérique.
Nécessité de penser un nouvel humanisme informatique. On ne peut comprendre l'informatique sans avoir d'abord compris l'informatique !

Informatique ambiante* : intégration de systèmes informatiques communicants dans tous les lieux et objets de notre quotidien. On parle également d'informatique ubiquitaire ou pervasive. Ouf .... !

Informatique vestimentaire* : intégration de systèmes informatiques aux vêtements, aux bijoux, aux accessoires portés (lunettes, oreillettes...).

Ingénieurs-conseils : personne qui a reçu une formation scientifique et technique la rendant apte à diriger certains travaux, à participer à des recherches, qui donne des conseils. Un bon ingénieur-conseil déconseille plus souvent qu'il ne conseille.
« Il y a trois manières de se ruiner disait Rothschild : Le jeu, les femmes et les ingénieurs-conseils. Les deux premières sont plus agréables, mais la troisième est plus sûre ».

Iniquité : acte contraire à la morale, injuste.

Innovation : nouveauté appliquée dans la technique de production ou de gestion d'une unité économique.
L'innovation constitue la source essentielle de la croissance (changement dans le processus de la pensée). Voir Création.
L'innovation tangente les étoiles.

Innovation ouverte* : c'est un mode d'innovation basé sur le partage, la collaboration et la sérendipité, à la fois compatible avec une économie de marché (via les brevets et licences), ou d'intelligence artificielle (alternatives éthiques ou solidaires dans un esprit dit *ODOSOS : Open data, Open source, Open Standards.*

In & Out : Parmi les 28 pays que compte l'UE (27 après le Brexit), seuls 17 participent à la monnaie unique en 2011.

INSEE, Institut national de la statistique et des études économiques : collecte, produit, analyse et diffuse des informations sur l'économie et la société française qui intéressent les pouvoirs publics, les administrations, les entreprises, les chercheurs, les médias, les enseignants, les étudiants et les particuliers.
La falsification des statistiques est le premier devoir des Instituts, dits de sondage.

Institutionnalisme : doctrine économique qui met l'accent sur le rôle joué par les institutions dans le champ de l'orientation des décisions économiques, dans leurs effets et dans l'activité économique en général.

Intelligence artificielle* : l'intelligence artificielle comprend l'ensemble des théories et des techniques mises en vue de réaliser des machines capables de simuler l'intelligence. Elle correspond à un ensemble de concepts et de technologies plus qu'à une discipline autonome constituée.

Les êtres intelligents constituent une population extrêmement faible. Le taux d'inintelligence est constant. C'est ce qui rend le fonctionnement de l'économie possible.
Les artificiers, recourent-ils à l'intelligence artificielle, pour concevoir les compositions pyrotechniques ?

Intelligence collective* : désigne les capacités cognitives d'une communauté résultant des interactions multiples entre ses membres (ou agents).
Peuplée d'individualistes, la France s'échine à organiser des décisions collectives.

Intelligence en essaim* : (*swarm intelligence*) est la propriété de systèmes de robots non-intelligents qui montrent collectivement un comportement intelligent.
Puissent les imbéciles en faire autant !

Interaction* : est l'action ou l'influence réciproque entre deux objets ou plus.

Interaction Homme machine, IHM*: personne équipée d'un visiocasque et d'un gant de données de réalités virtuelles (facilité d'utilisation).

Intéressement : régime de participation financière des salariés aux résultats d'une entreprise.
Voir Participation.
Le désintéressement n'est pas le mépris de l'argent, mais plutôt le désir de réaliser une tâche d'intérêt général.

Interface haptique* : une interface haptique est un système à retour d'effort. Il permet à son utilisateur d'interagir avec une application logicielle ou un objet virtuel par l'intermédiaire du sens du toucher et se compose d'une structure mécanique articulée équipée de moteurs et de capteurs.

Interférence : superposition de plusieurs phénomènes. L'immixtion continue dans les smartphones et les réseaux sociaux, interfère dans la pensée.

Intermédiation : fonction des intermédiaires financiers qui recueillent des fonds et les mettent à la disposition des tiers.

Internet* : Internet est le réseau informatique mondial accessible au public. C'est un réseau de réseaux, à commutation de paquets, sans centre névralgique, composé de millions de réseaux aussi bien publics que privés, universitaires, commerciaux, et gouvernementaux, eux-mêmes regroupés en réseaux autonomes.
Outil éducatif, moyen de communication facile (courrier électronique, dialogue simultané, services réservations, recherches policières et judiciaires), Internet présente des risques : cyber-escroquerie (prédateurs – cyber-intimidation), cyberattaque, cyberdépendance (addiction), informations inexactes, proie de marketing, contenus violents, plagiats, terrorisme, violation de l'intimité, facilitation du copier/coller qui paralyse la réflexion personnelle, violation de l'intimité.
La machine à vapeur a transformé les relations sociales et humaines bien plus que les changements enregistrés au cours des millénaires précédents.
Internet, étincelle du modernisme, un des phares du développement économique, sera-t-il la machine à vapeur du nouveau millénaire ?
La souris virtuelle de l'ordinateur à la recherche d'Internet n'a pas la chance de la souris, mammifère rongeur, dont le chemin est jonché de femmes évanouies.

Interopérabilité* : est le fait que plusieurs systèmes, souvent hétérogènes, puissent communiquer sans ambiguïté et travailler ensemble.

Comment se fait-il que ce soit si aisé avec les ordinateurs et si insurmontable avec les hommes ?

Intervention, interventionnisme : l'intervention est une action volontaire des pouvoirs publics, directe ou indirecte, exercée sur l'économie pour orienter celle-ci dans un sens conforme à la politique menée.
En politique économique : **L'interventionnisme** est l'attitude des pouvoirs publics qui consiste à compter principalement sur des interventions pour obtenir les principaux résultats visés et, de ce fait, à multiplier ces interventions dans la vie économique (planification, dirigisme).
Ce n'est pas au pied de la montagne qu'on connaît l'alpiniste, c'est au sommet.

Inventaire comptable permanent : organisation des comptes de stocks qui, par l'enregistrement des mouvements, permet de connaître de façon constante, en cours d'exercice, les existants chiffrés en quantités et en valeurs.

Investissements : Acquisition de moyens de production, de capital, en vue d'acquisition ou de placement de valeur mobilière. Opération économique consistant pour une entreprise à acquérir des biens de production (investissement matériel) ou à effectuer certaines dépenses ayant pour but de développer le potentiel de l'entreprise pour l'avenir (investissement immatériel : brevets, marques, humain...).

Investissements de capacité : Lorsque l'on produit davantage, le niveau de production augmente, mais cela peut se faire à niveau de productivité constante.

Investissements de productivité : Ils font augmenter la productivité et sont souvent réalisés pour contrecarrer l'obsolescence de certains matériels.

Investissements de renouvellement : Investissements permettant de remplacer des machines en raison de leur usure. Cela ne génère pas de gains de productivité, ni de production supplémentaire.
« Les investissements d'aujourd'hui sont les profits de demain et les emplois d'après-demain ».
Helmut Schmidt.
Le Financier assure son investissement. Le startupeur rassure son investisseur.

IoT*/ Objets connectés* : désigne tous les objets du quotidien qui deviennent connectés grâce au digital. Web 3.0, un seul monde électronique.

IP*, Internet protocol **:** le protocole qui définit le format des paquets qui circulent sur Internet. Il définit entre autres le format des adresses.

IPSec*, Internet protocol security : C'est un protocole visant à sécuriser les échanges au niveau du protocole Internet.

IRPP : Impôt sur le revenu des personnes physiques. Actuellement IR : impôt sur le Revenu dont la déclaration doit être souscrite chaque année par les contribuables.

IS : Impôt sur les sociétés. Prélevé sur les bénéfices réalisés au cours d'un exercice annuel par les entreprises exploitées en France. Il est soumis à un régime de déclarations et de paiements à dates fixes.

Isomorphisme institutionnel* : théorie proposée par Di Maggio et Powell, l'isomorphisme institutionnel analyse la convergence de comportements entre des organisations appartenant à un même champ (homogénéisation dans la structure, la culture et le produit).

IT* Technologies de l'Information : (*Information Technology*), désigne l'usage des ordinateurs, du stockage, des réseaux et des appareils et infrastructures.

11. J

Jachère : Etat d'une terre arable laissée temporairement sans culture. Par extension : cette terre elle-même.

Jeux d'entreprise : Technique pédagogique, utilisée dans l'enseignement des affaires.

Jeu vidéo* : Jeu électronique qui implique une interaction humaine avec une interface utilisateur afin de générer un retour visuel sur un dispositif vidéo.
Il est considéré comme une industrie et comme une forme d'art.

Jouissance : Le fait d'être titulaire d'un droit sur le revenu d'un capital. Par extension : date à partir de laquelle peut s'exercer ce droit.

Junk Bond : littéralement « Obligations pourries ». Obligation à très fort taux d'intérêt, mais dont les risques sont très élevés.

12. K

Keynésien : Qui se réfère à l'œuvre de John Maynard Keynes. Qualifie une politique économique favorisant la consommation, la demande, la hausse des bas revenus et l'intervention de l'Etat. Pour les théories explicatives des mécanismes économiques procédant de l'analyse keynésienne, l'essentiel de la démonstration se situe dans une optique macroéconomique.
Schématisée par le niveau de l'emploi qui est déterminé par le volume de la production décidé par les entrepreneurs. Les anticipations concourent à commander le volume des investissements. Elle s'oppose au postulat de la loi sur les débouchés selon laquelle l'offre crée sa propre demande, en analysant les phénomènes de thésaurisation monétaire.
La révolution keynésienne, c'est cette croyance stupéfiante qu'on peut prévoir l'imprévisible grâce à l'appareil d'Etat.

Kibboutz (ou kibbouts) : exploitation agricole coopérative de l'Etat d'Israël. En hébreu : réunion, collectivité.

Kolkhoz : forme coopérative de l'exploitation agricole en URSS. En pratique : Groupement de familles rurales, disposant collectivement et pour une période indéfinie d'une terre qui reste propriété de l'Etat (exploitation collective).

Krach : baisse brutale des cours des actions en Bourse. Banqueroute, débâcle.

Krack : faille qui permet de pénétrer dans un réseau WiFi.

Crack : à une lettre près..., personne qui se distingue par sa compétence dans une spécialité.
Krach ou crack, seul le contexte permet la bonne orthographe.

13. L

Label : marque distinctive créée par un syndicat professionnel ou un organisme parapublic et apposée sur un produit commercialisé pour en garantir la qualité, voire la conformité avec des normes de fabrication.
Comme pour la date de péremption des yaourts, l'instinct de conservation chez l'homme s'est développé au-delà de sa fraîcheur.

Laffer (courbe de) : démontrant que trop d'impôt tue l'impôt. Courbe en cloche destinée aux décideurs du sommet et concernant la base des imposables.

La Garbure : association sans statuts, lieu privilégié où les Palois et les Béarnais de Paris et d'ailleurs vivent de bonne soupe (la garbure est une soupe très usitée du Sud-Ouest) et de beau langage. La Garbure est une revendication identitaire poussée à son paroxysme.

Langue de verre : expression de transparence destinée à déceler la vérité de l'information économique. Opposée à la langue de bois, peu usitée en France.

Langage* : pour créer des logiciels, les programmeurs doivent utiliser des langages de programmation qui ressemblent à des notations mathématiques. Tout programme peut, en principe, être écrit dans n'importe quel langage.

Laxisme : laisser-aller. Tendance marquée à la conciliation, à la tolérance excessive.
Croire au laxisme implique que l'on croit d'abord à la suppression des interdits.

LBO, Leverage buy out **:** terme qui désigne les opérations de rachat d'une société avec effet de levier, c'est-à-dire avec endettement bancaire dont le coût est inférieur au taux de rentabilité de la société.

Leverage buy out, (LBO) : opération par laquelle un groupe d'investisseurs rachète une entreprise avec un minimum de capital et un maximum de dettes.
Un vif débat s'instaure en France, entre les proies, les chasseurs et les rabatteurs de cette technique financière d'achat d'entreprise.

Leader : entreprise qui occupe la première place dans un domaine. Hommes leaders de l'entreprise : les responsables des postes essentiels qui contribuent au développement et à la rentabilité de l'entreprise.
Avec sa force de conviction, le leader vend de l'espoir aux spectateurs pour qu'ils deviennent acteurs.

Lean* **:** outils, techniques, méthode de management, cadre pour maintenir la créativité et l'innovation au sein d'une entreprise (chasse au gaspillage, leviers de croissance, optimisation de la production de la valeur ajoutée en minimisant les ressources.

Le Siècle des Lumières : le XVIIIème siècle. L'Etat de la civilisation, de la culture. *« Aux approches de 1789, il est admis que l'on vit dans le siècle des Lumières, dans l'âge de raison, qu'auparavant le genre humain était dans l'enfance, qu'aujourd'hui il est devenu majeur »*. Hippolyte Taine, *Origines de la France contemporaine.*

Nos contemporains arrogants, moralistes, prétentieux, gesticulateurs, donneurs de leçons, abritent leurs ombres sous le clair-obscur du Siècle des Lumières, de ses progrès et de ses idées nouvelles à la quête d'une société idéale, toutes lumières éteintes depuis belle lurette.

Levée de fonds* : terme employé dans l'écosystème digital dont la nature innovante est propice à la création de startups. Pour continuer à croître, elles doivent « lever des fonds », bénéficier de la confiance des investisseurs- financeurs qui participent au processus de décision (3 séries : du *Seed* à la série A en allant jusqu'à la série C).

Levier (ou « effet de ») : opération par laquelle on investit plus qu'on ne possède. Sur le SRD, on peut investir jusqu'à 5 fois plus qu'on ne dispose d'espèces. Ce mécanisme spéculatif permet de grands gains, mais aussi de fortes pertes. A manier avec précaution.
L'effet de levier est une loterie !

Libéral : courant libéral ou de libre-échange, basé sur la libre concurrence des entreprises, dans lequel les capitaux, source de revenu, n'appartiennent pas, en règle générale, à ceux qui les mettent en oeuvre par leur propre travail.
Un libéral avancé est un vieillard sénile.

Libéralisation (équitable) du commerce : mesure ou ensemble de mesures visant à favoriser les échanges commerciaux par la réduction des tarifs douaniers et l'élargissement ou la suppression du contingentement.

Libéralisme : doctrine selon laquelle la liberté économique, le libre jeu des « lois naturelles » (libre concurrence, liberté d'entreprise, libre circulation) ne doivent pas être entravés par une intervention autoritaire. Cette doctrine économique affirme que le meilleur, ou le moins mauvais, système éco-

nomique est celui qui garantit le libre jeu des initiatives individuelles des agents économiques.
Le libéralisme profite essentiellement aux journalistes qui le combattent.

Liberté : absence de contrainte. Pouvoir d'agir au sein d'une société organisée, selon sa propre détermination, dans la limite des règles définies. Absence de contrainte dans la pensée, l'expression, l'allure, le comportement, etc... L'espace de liberté individuelle est borné par une frontière qui assure les mêmes droits à tous les hommes de la collectivité. L'article 4 de la Déclaration des droits de l'homme de 1789 stipule : *La liberté consiste à pouvoir faire tout ce qui ne nuit pas à autrui.*
L'état d'indépendance, d'autonomie et de liberté du citoyen, de protection de sa vie privée est affirmé par la Déclaration universelle des droits de l'homme adoptée par les Nations unies le 10 décembre 1948 dans son article 12 : *Nul ne sera l'objet d'immixtions arbitraires dans sa vie privée, sa famille, son domicile ou sa correspondance, ni d'atteintes à son honneur et à sa réputation* (voir les intrusions d'Internet).
Le concept paradoxal de la liberté, les restrictions de la liberté économique, la liberté dans les univers intellectuel, des nouvelles connaissances, socio-économique et dans l'univers du droit, sont analysés dans le livre *L'économie moderne et le trialisme républicain, Liberté, Egalité, Fraternité, Max Moreau, éditions L'Harmattan 2010.*
Tube de la *Fièvre des années 80*, la chanson « Il est libre Max » d'Hervé Cristiani prêtait à rire, et il ne me déplaisait pas qu'elle soit parfois moquée par... mes enfants !

Libre-échange : système dans lequel les échanges commerciaux entre Etats sont libres ou affranchis de barrières douanières qui les entravent.
Voir Libéralisation.

Licence : autorisation administrative de se livrer à certaines activités ou opérations (non licencieuses, bien évidemment !).

Licorne* : toute startup non cotée en Bourse, valorisée à plus d'un milliard de dollars.

Lien* : une connexion entre deux nœuds du réseau, par exemple une fibre optique, une liaison radio, une connexion ADSL, ...

Li-fi*, Light fidelity : est un futur moyen de transmission similaire au Wi-Fi, rapide et économique, mais par voie optique.

***Liker** *** : (Aimer). Utilisé sur les réseaux sociaux pour dire qu'on apprécie quelque chose.

Liquidateur : Commerce : personne chargée de pourvoir à la liquidation d'une société.
Voir Règlement judiciaire.
Tirer un trait, ce n'est pas toujours renoncer, notamment pour les cocaïnomanes.

Liquidation : dénouement d'une opération financière.
Bourse : Dénouement des opérations à terme, effectué à une date convenue à l'avance. Par extension : date (échéance) de ces exécutions
Commerce : opération par laquelle se réalise l'apurement de la situation financière d'une société dissoute.
Comptabilité publique : opération consistant à déterminer le montant d'une dette.

Liquidation des biens : procédure d'exécution du patrimoine d'un commerçant ou d'une personne morale de droit privé en état de cessation de paiement, visant à l'apurement

des dettes par la vente de l'actif de l'entreprise, au bénéfice de créanciers en « état d'union ».
Le principe de la liquidation des biens, poussé à l'extrême, détruit le motif de la production des biens.

Liquidité : capacité d'honorer rapidement des engagements financiers. Par extension : Avoir immédiatement disponible permettant d'honorer un engagement financier.
La liquidité des bourses n'est pas forcément un .... !
Proposition déjà énoncée......., afin de tester votre logiciel mémoire !

Livre numérique* : livre électronique *(e-book)* qui est un ouvrage contenu dans un fichier (m) numérique à lire sur un écran.

***Lobbying*:** fait d'exercer une pression sur les milieux de décision. A Bruxelles, 33.000 personnes travaillant pour la Commission européenne sont assaillies quotidiennement par plus de 25.000 lobbyistes pour un marché de 500 millions de consommateurs.

LOFT : Loi organique relative aux lois de finances.

Log* : un fichier de log est un fichier dans lequel, au fur et à mesure de son exécution, un algorithme écrit des informations pour permettre de suivre son fonctionnement, analyser ses performances, détecter des erreurs, faire des statistiques sur son fonctionnement.

Logistique : ensemble des moyens et méthodes concernant l'organisation de la science économique. Art d'acheminer et d'agencer des éléments dispersés en vue de produire un tout organisé.
Base de la stratégie, la logistique abuse parfois du logicisme, se privant ainsi de l'inspiration nécessaire au souffle créateur.

Loi de finances : voir Budget.

Loi des grands nombres : en statistique, elle indique que lorsqu'on fait un tirage aléatoire dans une série de grande taille, plus on augmente la taille de l'échantillon, plus les caractéristiques de l'échantillon se rapprochent des caractéristiques statistiques de la population. Ce qui explique, en partie, la marge d'erreur des sondages d'opinion. Voir le livre *« Une économie manipulée et floutée », Statistiques, sondages, notations, prédictions, Max Moreau, éditions L'Harmattan, 2010.*

Loi de Moore* : en 1965, Gordon Moore prédit que le nombre de transistors pour une même surface de circuits intégrés doublera tous les ans. Il affinera cette loi en 1980 en énonçant que le nombre doublera tous les 18 mois (à peu près vérifiée jusqu'en 2015).

Lutte des classes : expression désignant l'opposition, historiquement constatée, entre les différentes classes des sociétés humaines.
Dans l'entreprise, pour transmuter la lutte des classes (source de tensions permanentes) en partenariat d'intérêt, il faut observer deux principes fondamentaux qui favorisent un climat serein, levain d'équité :
Premièrement : renforcez les vecteurs d'amélioration de l'employabilité (CDI unique, rémunération au mérite, notation annuelle et promotion, dialogue social, répartition du profit net en 3 tiers égaux - management, actionnariat, salariat -, ergonomie des tâches). Deuxièmement : n'oubliez pas le premier principe.

14. M

Machine de Turing* : mécanisme virtuel exécutant une procédure bien définie en changeant le contenu des cases d'un tableau infini. Modèle abstrait de tous les ordinateurs.

***Machine learning** :** apprentissage automatique. C'est une pratique d'intelligence artificielle qui analyse les données d'une manière massive pour être dans un processus d'amélioration continue via l'apprentissage du passé (Algorithmes et statistiques analysent des corrélations et prédisent des comportements).

Machinisme : généralisation de l'emploi des machines en remplacement de la main-d'œuvre.
La littérature est la première machine à faire réfléchir.

Macrocosme : l'univers. Le monde considéré comme correspondant au microcosme que constitue l'homme.
L'homme, apparent microcosme, vaste abrégé de la nature. La nature, ostensible macrocosme, amplificatrice de l'homme.

Macroéconomie : terme de littérature économique moderne caractérisant une approche de l'analyse économique fondée sur l'appréhension de quantités globales et d'agrégats (à grande échelle). Etudie les grandes structures et les décisions globales. Discipline qui cherche à comprendre com-

ment le circuit ou le système économique se régule, et quelles sont les intr-ractions entre les variables du système.
La production nationale, le revenu national, la dépense nationale, l'épargne, l'investissement, sont des grandeurs qui relèvent de l'étude macroéconomique en s'appuyant sur des modèles.
Les macroéconomistes sont comme les météorologistes : ils prévoient aussi des choses qui ne se passent jamais.

Main invisible : selon Adam Smith, auteur classique du XVIIIème siècle, la main invisible est le principe selon lequel l'optimisation des intérêts privés conduit spontanément à l'intérêt général.
« Chaque individu (...) est conduit par une main invisible à remplir une fin qui n'entre nullement dans ses intentions ». Adam Smith.
Sentence alibi utilisée comme excuse aux pervers sexuels, pour une main hardie, baladeuse.

Maison intelligente* : paradigme qui se positionne en successeur de la domotique, bénéficiant des avancées en informatique ubiquitaire que l'on dénomme aussi, informatique ambiante.
Avoir plusieurs solutions dans sa besace.

Malthusianisme : originellement, et à titre principal, politique visant la restriction volontaire de la procréation. Par extension : les comportements ou les politiques visant au ralentissement de la production.
Etat d'esprit procédant d'une optique restrictive.
Terme barbare, ignoré de la plupart des Français, pour... leur plus grand bien.

Management : science de la technique de direction et de gestion de l'entreprise. Le management a une dimension scientifique et une dimension philosophique. « Manager »,

c'est traduire, en réalité concrète, en des actes et des entreprises, la culture économique de l'entrepreneur et de son équipe dirigeante, afin d'organiser la gestion et la direction de l'entreprise. C'est la science des choix efficaces, mais la culture économique déborde la seule science. Car cette dernière ne prend pas en compte le facteur humain et son contexte culturel, c'est-à-dire le système des valeurs.
Il faut donc ajouter à la dimension scientifique une dimension philosophique : la recherche scientifique constamment tributaire de la vie sociale en perpétuel changement conduit à l'épistémologie de l'économie d'entreprise, c'est-à-dire à l'étude philosophique de la science du management, de ses méthodes, de ses principes et de sa valeur.
La philosophie relance le grand jeu de toutes les hypothèses, découvre les incertitudes entre les différentes chaînes de connaissance bien définies, confirme que le savoir n'est jamais complet, définitif et absolu, comme l'a développé Manuel de Dieguer. Le manager, l'entrepreneur, est bien le philosophe en action décrit par Gaston Berger.
Le management consiste à diriger l'entreprise par :
- L'observation permanente et l'examen minutieux de l'environnement et des besoins et des désirs des hommes ;
- L'utilisation optimale de ses ressources : humaines, matérielles et financières pour motiver les hommes de l'entreprise sur un corps de convictions communes ;
- L'approfondissement et l'accroissement de son savoir-faire et de son faire-savoir.

Manager, c'est s'appuyer sur 4 éléments basiques :
1. Un système de direction harmonisé à l'entreprise, orienté par la stratégie et définissant l'acte d'entreprendre.
2. Une mise en œuvre des conditions de réussite de l'entreprise, dans les quatre domaines fondamentaux (marketing, hommes, finance, méthode production).

3. Une méthode de direction personnalisée, axée sur la sélection, la hiérarchisation et la répartition des tâches essentielles, des bornes repères, sur un système d'information, de digitalisation et un tableau de bord synthétique afin de distinguer l'essentiel de l'accessoire.
4. Une volonté opiniâtre, obsessionnelle, d'application permanente.

Manageur : chef, dirigeant d'une entreprise ; personne qui exerce une fonction de management. Personne qui ne peut plus compter sur les avis et jugements d'autrui et doit se contenter des siens.
Le manager ne se satisfait pas de ses réalisations.
Il reste polarisé par ce qu'il lui reste à faire. Il s'attaque à l'improbable, parce qu'il a déjà réalisé l'impossible.
Mieux vaut se hâter lentement que de se précipiter !

Manipulation : manœuvre malhonnête.

Marché : contrat comportant vente et achat, ou louage de biens, de services ou de capitaux.
Lieu de rencontre entre l'offre et la demande de biens, de services ou de capitaux. C'est le lieu réel ou fictif sur lequel s'échange un bien, un service, le travail, le capital, la monnaie.
Par extension, ensemble des opérations commerciales, financières, concernant une catégorie de biens dans une zone géographique. Par extension, toute catégorie sur l'ensemble de la planète.

Marché de biens de consommation : où l'entreprise se confronte aux consommateurs. Forme d'organisation la plus répandue dans le monde, associée au libéralisme économique, elle se classifie en plusieurs courants en fonction de l'intervention publique.

Marché des capitaux : marché assurant la liaison entre les agents ayant la capacité de financement (notamment les ménages par le biais de l'épargne) et les agents ayant un besoin de financement (notamment les entreprises par le biais de l'emprunt).
Somme toute, télescopage de l'excédentaire et de l'appétence, de la pléthore et de la pénurie.

Marché de changes : également appelé FOREX, le marché de changes est un endroit où acheteurs et vendeurs de devises s'échangent de la monnaie selon un taux de change déterminé. Reconnu comme étant le plus grand marché financier du monde (unique), le marché de changes obéit à un fonctionnement spécifique.

Marché noir : commerce clandestin et illicite pratiqué en période de rationnement, de contrôle des prix ou de forte pression fiscale.

Marginal : le mot marginal signifie que nous faisons varier, de manière infinitésimale, la variable explicative d'un modèle pour analyser la variation de la variable expliquer. Une explication amphigourique qui ne peut satisfaire les communautés marginales !

Marginalisme : théorie économique née dans les années 1870, fondée sur l'idée que la valeur d'échange d'un bien est fonction de l'utilité de la dernière unité disponible de ce bien, appelée utilité « marginale ».

Marketing : outil du manager qui étudie la demande et ses motivations, la situation des marchés, décèle les tendances et imagine les scénarios de développement et les prévisions stratégiques en tenant compte des ressources, afin de satisfaire les besoins du marché.

L'enthousiasme est le propulseur du marketing, la simplicité accroît son rendement. Bien que nos gouvernants s'obstinent à vouloir faire des propositions de plus en plus simples, sous couvert d'explications de plus en plus sophistiquées.

Marque : élément distinctif de la désignation d'un produit faisant l'objet de propriété commerciale. Marques d'entreprise, de famille, de service, marque exclusive.
Moyen de séduire et de convaincre, pour l'acheteur, elle est source de satisfaction et de sécurité. Paradoxe, c'est aussi parfois une marque de médiocrité.

Marxisme : doctrine, théorie et méthode d'analyse et d'action élaborées par Karl Marx et Friedrich Engels et développées par leurs disciples, montrant que la valeur d'un bien peut s'exprimer quantitativement par le temps de travail socialement nécessaire à sa production. Ce temps de travail humain n'est pas rémunéré à la valeur de son résultat, mais comme une marchandise. Le mérite scientifique de Marx tient à sa critique du capitalisme plutôt qu'à ses projets de société nouvelle. La pertinence du marxisme a été remise en question par la plupart des pays de la planète.

Masse critique : volume au-delà duquel une entreprise pèse sur un marché. Pour une entreprise qui a atteint un certain seuil, sa masse critique est un objectif primordial, une taille satisfaisante pour peser sur le marché.

Masse salariale : ensemble des salaires et des cotisations sociales des employeurs.

Mathématiques - appliquées*: s'intéresse à l'application du savoir mathématique aux autres domaines : optimisation linéaire, programmation dynamique, optimisation et recherche opérationnelle, bio-mathématique, bio-informatique,, théorie de l'information, théorie des jeux, mathématique financière, mathématiques de l'ingénierie (mécanique des fluides, acoustique, équations de Maxwell qui régissent, l'électromagnétisme, mécanique, relativité numérique).

Matrice : arrangement ordonné d'un ensemble. Milieu d'où un être vivant, un organisme, un sentiment, etc. tire son origine, ou dans lequel il se développe, se nourrit. L'instruction est la matrice suprême de l'entreprise.

Maximisation : comportement microéconomique qui consiste, pour un individu, a choisir la meilleure situation possible sous réserve du respect de ses contraintes. Avec pour objectif d'augmenter jusqu'à un maximum, de faire le plus grand possible, ce terme foisonne dans l'entreprise : production, programmes, profits....

MEDEF : abréviation « Mouvement des entreprises de France », principal syndicat patronal.

Médiane : nombre de part et d'autre duquel se répartissent également des valeurs d'un caractère quantitatif étudié sur une population donnée.
S'emploie notamment pour le salaire médian.

Ménages : Comptabilité nationale : catégorie d'agents économiques représentant l'ensemble des personnes présentes sur le territoire métropolitain en tant qu'elles effectuent des opérations économiques liées à leur vie domestique (défini par une consommation globale). Les ménages distinguent les résidents (classés en ménages ordinaires), les populations des institutions (agents vivant en collectivité) et les non-résidents (touristes, travailleurs saisonniers). Les ménages à trois ne sont pas inclus dans cette définition.

Mercantilisme : doctrine économique fondant la prospérité nationale sur l'accumulation de réserves monétaires métalliques. En France, le colbertisme fondait l'accumulation des réserves d'or et d'argent sur un excédent de la balance commerciale (protectionnisme). Ces politiques pratiquées avec plus ou moins de rigueur en Angleterre, en Espagne et au Portugal, ont toutes échoué à terme : la contrepartie insuffisante de la production nationale à l'accumulation des moyens de paiement, débouche sur l'inflation.
Vaut-il mieux avoir beaucoup d'argent, ou posséder de l'or ?

Mésoéconomie : cette branche de l'économie adopte la même méthodologie que la macroéconomie. Elle s'intéresse donc à la régulation du système économique. A ce titre, on peut retenir la même définition que celle de la macroéconomie, mais la mésoéconomie s'intéresse à l'analyse d'une branche, d'un secteur, d'une filière ou encore d'une région (intermédiaire entre la macroéconomie et la microéconomie).

Métadonnées : succession de données. Qui englobe.

Méthodologie : partie de la logique qui étudie les méthodes des différentes sciences et leurs types de connaissance (a posteriori).

Métiers : catégories d'activités de l'industrie, du commerce, de l'artisanat énumérées par les règlements et exercées par les professionnels (exclus de cet ensemble, les exploitations agricoles, les entreprises de pêche, d'agence, de commissions, et bureaux d'affaires et les entreprises qui se limitent à la vente et ont un caractère spécifiquement intellectuel).
Chacun, pour son métier, prétend qu'il est le plus difficile du monde.

Microéconomie : c'est la discipline qui cherche à analyser le comportement économique des agents. Ces agents optimi-

sent leur objectif tout en respectant les contraintes auxquelles ils sont soumis (rareté des ressources). Etude régissant l'activité économique de la cellule élémentaire.
Microéconomie et macroéconomie sont, pour les économistes, des sujets inépuisables. C'est la raison pour laquelle ils tendent à concilier les deux approches, afin de ... compliquer les choses, jusqu'à épuisement !

Micro-instructions*: un programme est écrit dans un langage de haut niveau qu'un micro-processeur ne peut pas interpréter directement. Il faut le traduire dans un langage composé d'instructions élémentaires, compréhensibles par le micro-processeur et appelées micro-instructions.

Microsociologie : terme économique caractérisant une approche de l'analyse sociologique fondée sur l'étude du comportement de l'entreprise, de l'entrepreneur ou du consommateur.

Migration : déplacement d'une personne entre un lieu d'origine (ou lieu de départ) et un lieu de destination (ou lieu d'arrivée) pour des raisons économiques, politiques ou culturelles. Les personnes qui se déplacent sont appelées des migrants.
L'ONU établit, pour 2013, à 232 millions le nombre de migrants qui résident hors de leur pays natal (3,2% de la population mondiale).
Principaux flux migratoires : Moyen-Orient (Syriens, Irakiens, Afghans vers l'Europe), Afrique (Subsahariens, Afrique centrale, Libye vers l'Europe), Bangladesh, Mexique, Inde, Amérique latine.
En France, le solde migratoire annuel s'établit à
+ 100.000 personnes. Face à l'immigration massive, (personnes en souffrance à la recherche d'un mieux être), l'Europe tente de mettre un terme aux drames que subissent les migrants qui traversent la Méditerranée du Sud au Nord

(navires, avions de secours, centres d'accueil et de tri pour prise en charge des réfugiés, renforcement du contrôle aux frontières, actions militaires contre les trafiquants, et, aussi, pour se donner bonne conscience, subventions dérisoires aux pays pauvres d'où proviennent les migrants).
Les problèmes soulevés par l'immigration sont nombreux : rôle de terre d'accueil, différenciation entre les migrants économiques et les réfugiés demandeurs d'asile, capacité d'intégration (sécurité, protection, employabilité, choix, fracture communautariste, coût).
Bien que nous soyons persuadés du contraire, la France est une nation d'immigrés.

Millenials* : première génération à avoir grandi avec Internet et pour laquelle la technologie est innée (nés entre 1982 et 2004).

Mobilisation : action de retrouver la disposition de ressources jusque-là engagées : réalisée par la cession des biens ou des créances dont le produit peut recevoir un nouvel emploi ; éventuellement par leur simple mise en gage.
Le leadership, c'est l'art de mobiliser les autres.

Mobilité : aptitude (d'une personne, d'un groupe) à changer fréquemment (d'idées, de sentiments, de position, de place ou de lieu de travail). Personne qui se déplace facilement. En raison des bouleversements induits par la globalisation planétaire des marchés, la mobilité au travail est un concept à réinventer.

Mock-up* : prototype d'interface d'utilisateur UI, utilisé dans le développement d'applications mobiles qui permet de présenter de manière visuelle le prototype d'une application, via une maquette à l'échelle.

Mode client serveur* : un ordinateur, le client, émet une demande qu'on appelle une requête. Il émet à destination d'un autre ordinateur, le serveur, qui contient le fichier recherché et l'envoie au client. L'internaute, grâce au navigateur, émet à partir de son ordinateur une requête au serveur du site Internet qu'il consulte.

Modèle mathématique* : Représentation d'un système, biologique ou autre, par un ensemble de variables et de relations mathématiques entre ces variables, comme des équations différentielles.
Un modèle simplifié par définition, la réalité, mais qui préserve des aspects importants pour étudier un phénomène donné.

Modèle de la première dose gratuite* : est un segment de clients important a la possibilité de bénéficier d'une manière continue d'une offre gratuite, grâce à différentes configurations. La gratuité assure l'effet de levier pour établir la notoriété et la popularité.

***Modèle Lead-time** :* ou Délai : il s'agit du temps entre la commande et la livraison du produit ou service. Dans certains cas, il équivaut au temps du cycle, mais pas toujours (secteur automobile, restauration, médecine...). Les clients s'attendent à avoir un lead-time (délai) le plus court possible. L'organisation doit trouver des solutions pour le réduire, car elle prend le risque que le client change d'avis entre-temps.

Modèle ouvert ou collaboratif* : la notion de travail collaboratif désigne un travail qui n'est plus fondé sur l'organisation hiérarchisée traditionnelle, et plus spécifiquement un mode de travail (éventuellement intégré dans un modèle économique de production), où collaborent de nombreuses personnes grâce aux TIC, notamment les plateformes Internet (maximisation de la créativité et de l'efficience).

Modélisation* : le développement des techniques économétriques justifie l'utilisation des modèles au plan microéconomique. Leur essor est également spectaculaire dans le domaine macroéconomique, où ils sont devenus des éléments essentiels de la prévision et de l'étude de la politique économique. C'est un outil, le plus souvent formulé grâce à des équations et utilisant les statistiques, permettant de confronter la théorie (abstraction) à la réalité.
Organiser la connaissance du monde seulement au moyen formaliste de modèles, c'est se priver de l'humanisme qui élucide les problèmes de la conscience (conception d'un modèle).

Mondialisation : elle recouvre trois étapes :
1°. L'internationalisation qui se limite au développement des flux d'exportation.
2°. La transnationalisation qui figure l'essor des flux d'investissements et des implantations à l'étranger.
3°. La globalisation planétaire qui représente la mise en place des réseaux mondiaux de production et d'information, en particulier dans les nouvelles technologies d'information et de communication, les NTIC.

Monnaie : c'est un bien, accepté par tous, qui permet de dénouer une dette aisément, rapidement et sans coût de transaction. Unité servant de mesure des valeurs d'échange.
Par extension : ensemble de moyens de règlement.
Une gerbe de monnaies-du-pape brille comme une pièce de fausse monnaie, pas aisément monnayable.

Monnaie électronique : elle est définie comme l'ensemble des techniques informatiques, magnétiques, électroniques et télématiques permettant l'échange de fonds sans support papier et impliquant une relation tripartite entre les banques, les commerces et les consommateurs. Elle s'inscrit dans un processus général d'informatisation des relations financières.

Monétariste : courant considérant la monnaie relativement déconnectée des fondamentaux de l'économie réelle qui combat l'inflation et la déflation et tente de réguler les taux de change. A l'origine des banques centrales.

Monopole : c'est un marché sur lequel il n'y a qu'un offreur (où la concurrence n'existe pas du côté de l'offre ; il ne se présente qu'un seul vendeur). Le prix de monopole est supérieur au prix de concurrence dans le régime capitaliste orienté vers la recherche du profit maximum, donc, situation moins favorable aux consommateurs.
En économie libérale, la législation proscrit ou permet de contrôler les concentrations et les ententes.
En économie dirigée, la fixation autoritaire des prix et des tarifs supprime la rente de monopole.

Monopsone : terme utilisé dans la théorie économique pour désigner la situation d'un marché sur lequel la concurrence est imparfaite du côté de la demande du fait de la présence d'un seul acheteur (un seul demandeur). Ce qui entraîne un prix inférieur au prix de la concurrence.
Monopole d'achat ou de la demande.

MOOC*, Massive Online Open Courses* : Nouvelle génération de cours permettant une démocratisation totale de l'enseignement.

Moralité : caractère moral, valeur au point de vue éthique, mérite. Ensemble de règles de conduite considérées comme valables de façon absolue. Connaissance du bien et du mal.
Un moraliste fusille l'industrie d'armement : c'est un trou de balle.

Morphogénèse* : ensemble des lois qui déterminent la forme, la structure d'une espèce vivante.

m-paiement : les paiements mobiles désignent toutes les transactions effectuées depuis un téléphone mobile et débitées soit sur une carte bancaire, soit sur la facture opérateur ou soit sur un Porte-monnaie électronique, qui peut être alimenté avec un dépôt de cash auprès d'un agent ou d'un commerçant.
Il y a trois catégories de paiement par mobile : les paiements à distance comme le paiement mobile sur les sites de commerce électronique par exemple, les paiements de proximité devant une borne, ou bien les transferts d'argent de mobile à mobile.

MP3* : terminée en 1994, la norme MP3 est la spécification sonore MPEG-1. C'est une compression d'un facteur 4 à 12 des données qui annule les sons les moins perçus (acceptable pour l'oreille humaine).

***MPEG*, Moving picture experts group* :** est une norme de compression, décompression, traitement et codage d'images animées pour la vidéo numérique.

Multimédia* : multimédias : textes, dessins, photos, musiques, films, la culture se décline sous de multiples formes, toutes accessibles sur ordinateur. Un document multimédia peut circuler à son rytme et suivant le chemin qu'il souhaite parmi des contenus très divers.

Multinationale : une firme, en général très importante, qui exerce son activité dans plusieurs pays.
Les opposants à ce concept prônent « *Small is beautiful* ». Confirmé (opposition de taille, pouvoir de décision) ou infirmé (désagrément), lorsqu'un moustique vous pique la nuit. Dans ce cas, il faut remplacer *beautiful* par *irritation*.

Multiplicateur : processus économique démontrant que l'augmentation d'une grandeur économique entraîne l'accroissement plus important d'une autre grandeur. Théorie économique keynésienne.

Multiplicateur (de crédit) : rapport entre la masse monétaire et la base monétaire ou monnaie centrale figurant au passif de l'institut d'émission.
Voir Monnaie.

Mutuellisme : doctrine économique de Proudhon, fondée sur les principes d'échange, de mutualité, de solidarité.

15. N

Nanotechnologies* : les nanosciences et nanotechnologies NST peuvent être définies a minima comme l'ensemble des études et des procédés de fabrication et de manipulation de structures de dispositifs et de systèmes matériels à l'échelle du nanomètre (nm)

Nantissement : dépôt, fait par un débiteur, d'un objet mobilier lui appartenant entre les mains de son créancier pour sûreté de sa dette.

Natalité : rapports servant à mesurer la fréquence des naissances dans une population.
Un technicien de surface est, par naissance, un cantonnier autodidacte.

***Nasdaq* :** marché boursier spécialisé dans les hautes technologies (New York).
Quand le *Nasdaq* éternue, le *Dow Jones* tousse et la Bourse de Paris s'enrhume.

Nation : groupe humain, en tant qu'il forme une communauté politique, établie sur un territoire défini ou un ensemble de territoires définis, et personnifiée par une autorité souveraine.

« *Elément de l'Etat constitué par le groupement des individus fixés sur un territoire et soumis à l'autorité d'un même gouvernement* ». René Capitant.
La Nation française possède une des meilleures constitutions, mais dont les gouvernants ont les plus exécrables mœurs constitutionnelles.

Nationalisation : transfert à la collectivité nationale de la propriété de certains moyens de production, ou de certaines entreprises, ou de l'exercice de certaines activités. C'est en quelque sorte un transfert de propriété à la collectivité, la légalisation d'un vol de la propriété. La nationalisation d'un secteur déterminé peut correspondre à divers objectifs : confiscation pure et simple de biens, appropriation collective des profits, protection des consommateurs, contrôle de l'emploi des ressources financières, réformes de structure, planification, contrôle de sortie de bénéfices de capitaux étrangers, amorce d'un processus de transformation du régime économique et social.
Un débat oppose les partisans des nationalisations, de l'étatisation et de la socialisation à ceux de la libre entreprise.
L'intelligence collective n'est jamais menacée de nationalisation.

Néophyte : adepte récent d'une doctrine. Par exemple, personne inexpérimentée.
A propos du passage éphémère d'un ministre néophyte au gouvernement : « - A-t-il commis des erreurs ?
- Non, aucune. Il n'en a pas eu le temps ! ».

Netéconomie : économie née de la mondialisation des réseaux informatiques, de l'utilisation croissante d'Internet et du Web (la toile mondiale), du développement de start-up, la Netéconomie émerge et se développe depuis une quinzaine d'années.

Neurosciences* : elles désignent l'étude scientifique du système nerveux, tant du point de vue de la structure que du fonctionnement, depuis l'échelle moléculaire jusqu'au niveau des organes, comme le cerveau, voire de l'organisme tout entier.

New Deal : titre donné par le président Roosevelt à la politique économique proposée à la convention démocrate le 2 juillet 1932 et appliquée après son élection à partir de mars 1933 pour conjurer la crise économique qui sévissait aux Etats-Unis depuis 1929 (nouvelle donne ou nouvelle répartition des cartes). Relance par la demande pour augmenter le pouvoir d'achat des consommateurs (augmentation des salaires, allocations à caractère social, assistance chômage, revenus agricoles), programme de grands travaux, action concertée dans les domaines agricole et industriel.
Malgré certains efforts de coopération commerciale et monétaire dans le domaine international, le *New Deal* reste encore très marqué par l'isolationnisme.

Newsletter JPB : lettre hebdomadaire de Betbeze Conseil, jpb@betbezeconseil.com de Jean-Paul Betbeze, qui traite avec pertinence des sujets économiques d'actualité.

NFC*, Near field communication : la communication en champ proche est une technologie de communication sans fil à courte portée et haute fréquence, permettant l'échange d'informations entre les périphériques jusqu'à une distance d'environ 10cm. (Extension de la norme ISO/CEI 14443).

Niveau de vie : ensemble de biens et de services à la disposition d'un individu, d'un ménage, d'un groupe social ou d'une nation. Le ratio PIB par habitant, égal au revenu par habitant, mesure imparfaitement le niveau de vie. Les choix méthodologiques d'appréciation des agrégats de revenus, salaires et consommation tirés de la comptabilité nationale

ou d'échantillons représentatifs des ménages sont discutables et induisent l'orientation vers la définition d'indicateurs multiples.
En se mettant trop à l'écoute du ressenti de leur niveau de vie, la plupart des Français passifs s'enferrent dans l'angoisse, la jalousie et la haine.

Nominale (valeur) : la valeur nominale d'un actif financier (d'un billet de banque, d'un effet de commerce, d'une action) est la somme que s'est engagé à rembourser le débiteur au moment de l'échéance (intérêts non compris).

Normalisation : ensemble des techniques collectives permettant de déterminer les définitions, caractéristiques, dimensions, qualités, méthodes d'essais, règles d'emploi d'objets ou de produits, et d'appliquer les normes ainsi élaborées.
L'économie française est laminée par les normes (+ de 400.000), les articles du Code du travail (+ de 4.000), les commissions administratives, consultatives ou délibératives (536). D'ailleurs, on vient de créer une nouvelle commission dont l'objet est ... la réduction du nombre de commissions !

Normes ISO : les normes de gestion de la qualité englobent tout ce que fait une organisation pour gérer ses procédés et ses activités (document officiel réalisé par un organisme agréé). La mise en place de normes de gestion de la qualité offre des avantages aux entreprises de tous secteurs et de toutes tailles.
Il existe 19.500 normes actives.

Nœud* : une entité du réseau, par exemple un ordinateur ou un téléphone.

Nouvelles technologies* : concerne les divers domaines très évolutifs des techniques, recouvrant :

- Au sens large, la « haute technologie ».
- Les NTIC.

NPI : Nouveaux pays en voie d'industrialisation.

NTIC* : Nouvelles technologies de l'information et de Communication.

Numérique* : se dit de la représentation de données ou de grandeurs physiques sous forme de nombre (par opposition à analogique) et par extension, de systèmes, dispositifs ou procédés employant ce mode de représentation.

L'économie numérique englobe les activités économiques et sociales qui sont activées par des plateformes telles que les réseaux Internet, Intranet, mobiles et capteurs, y compris le commerce électronique.

NYSE : New York Stock exchange : principal marché américain, numéro Un mondial, créé en 1792.

16. O

Obligation : c'est un titre de créance émis par les entreprises. Une obligation traditionnelle à une valeur d'émission est assortie d'un taux d'intérêt fixe et d'une échéance. Un revenu, le coupon, est versé annuellement aux détenteurs d'obligations. Désormais, on trouve sur le marché d'autres types d'obligations : taux variables, indexées, participantes, convertibles en actions.

Marché obligataire : Est le marché sur lequel les entreprises ainsi que les Etats se financent, les investisseurs y déterminant les rendements obligataires.
Les taux des emprunts des Etats, TME, se tendent. Les risques sont liés à la hausse des taux d'intérêt, à l'inflation, aux risques de faillite de l'intermédiaire financier, à la difficulté de la revente, au risque de contrepartie, à l'inquiétude sur la politique des banques centrales (les grands argentiers), alertes des gourous.
2018 sera-t-elle l'année du krach obligataire ?

Obsolescence : fait, pour un bien, d'être progressivement périmé. Par extension : Dépréciation liée au phénomène.
Lutte contre l'obsolescence programmée : l'obsolescence programmée est un délit : loi de transition énergétique d'août 2015, article 99.

Fragilité et multiplication des pannes, absence de pièces détachées, obsolescence marketing, connectée, incompatibilité, caractérisent l'obsolescence programmée.
Pour lutter concrètement contre ce phénomène on peut acheter des biens plus durables, entretenir les produits, réparer, ne pas succomber à la mode, échanger, acheter d'occasion, lutter contre les fournisseurs qui pratiquent l'obsolescence programmée (actions judiciaires - voir Apple - , exiger l'affichage de la durée de vie des produits (extension de garantie).

OCDE : Organisation de coopération et de développement économique. Assure la plus forte expansion de l'économie et de l'emploi, contribue à l'expansion économique des pays en voie de développement, contribue à l'expansion du commerce mondial sur une base multilatérale et non discriminatoire.

Octet* : Suite de 8 bits, soit encore un nombre de 0 (00000000 en binaire) et 255 (11111111 en binaire).
Les octets se comptent en kilo, en méga, en giga ou en téra : 1 Ko vaut 1024 octets, 1 Mo vaut 1024 Ko, 1 Go vaut 1024 Mo, 1 To vaut 1024 Go.

Offre : Mise à la disposition du marché de biens ou services. Par extension : volume des biens et services ainsi mis à la disposition de la demande. Composante fondamentale de l'activité économique, l'offre, en économie planifiée, est prédéterminée dans le cadre du Plan.
Dans la théorie libérale classique, l'offre est au centre du développement de l'activité économique fondé sur le jeu de la loi de « l'offre et de la demande », par le truchement du mécanisme des prix. L'offre est une fonction indirecte de la demande.
Parce qu'il n'y a pas de mécanisme d'adaptation automatique et instantané dans le processus économique, on observe des

situations de distorsions et la nécessité de mécanismes d'intervention tendant à favoriser une meilleure adaptation de l'offre à la demande.
L'offre commence quand le demandeur oppose un refus.

Offre (fonction d') : c'est la courbe qui relie la quantité qu'est prêt à fournir un agent économique et le prix d'offre. Cette relation est généralement croissante.
(Voir Demande).

Offre publique d'achat, OPA : Opération de bourse consistant, pour une personne physique ou morale, à faire connaître publiquement aux actionnaires d'une société cotée qu'elle est disposée à acquérir leurs titres à un prix supérieur au cours de la bourse, en vue de prendre ou de renforcer son contrôle sur cette société.
En France, la procédure prospère pour 3 raisons essentielles : 1. Elle contribue à animer le marché financier. 2. Elle met en lumière la sous-évaluation de certains titres et contraint les entreprises à une gestion plus stricte.
3. Elle constitue un moyen de réaliser ou d'accélérer des concentrations ou des regroupements utiles.

Off shore : d'abord, qualificatif donné aux achats effectués par le gouvernement américain à l'étranger dans le cadre de sa politique internationale, il s'applique à une activité qui se déroule au large des côtes, liée à de multiples secteurs économiques : Energie (plateformes pétrolières situées en mer, parcs d'éoliennes installés au large des côtes), finance (Paradis fiscal : fiscalité avantageuse ou nulle, blanchiment d'argent sale).

Oligarchie : régime politique ou groupe dans lequel la souveraineté appartient à un petit groupe de personnes, à quelques familles, à une classe restreinte et privilégiée.

L'oligarchie des hauts fonctionnaires pantouflards, responsables de la permanence du fonctionnement de l'Etat. Un journaliste amer en fait la caricature :
« Certains d'entre eux, brillants concepteurs du langage abscons des Usines à gaz, par leur désir d'épater, leur envie de paraître intelligents et subtils, rappellent un débile mental qui s'apprête à sourire ».

Oligopole : marché où quelques vendeurs ont le monopole de l'offre, face à un nombre important de demandeurs (situation de marché imparfait).

Oligopole de Cournot : concentration et pouvoir de marché : théorie : N firmes, Demande inverse, coût marginal, Profit de la firme, Maximisation du profit.
Oligopole de Cournot avec N firmes (modèle des échanges).

Oligopsone : situation d'un marché sur lequel la concurrence est imparfaite du côté de la demande du fait de la présence d'un nombre très limité d'acheteurs (demandeurs) pour un grand nombre d'offreurs.
Cette situation est symétrique à celle de l'oligopole.

OMC, Organisation mondiale du commerce : *World trade organization* : Seule organisation internationale, l'Organisation mondiale du commerce, l'OMC, s'occupe des règles régissant le commerce entre les pays, en conformité avec les Accords de l'OMC, longs et complexes portant sur un large éventail d'activités, s'articulant autour de quelques principes fondamentaux, négociés et signés par la majeure partie des puissances commerciales du monde et ratifiés par leurs parlements. Elle assure l'ouverture du commerce dans l'intérêt de tous. Créée le 1er janvier 1995, elle a succédé au GATT. Voir GATT.

OPA : l'Offre Publique d'Achat est une technique de prise de contrôle d'une entreprise cotée en Bourse par une autre. Elle consiste à proposer aux actionnaires de l'entreprise cible de racheter leurs actions à un prix supérieur au cours de la Bourse durant une période déterminée ; OPA amicales : acceptation d'être rachetée, inamicales : refus et riposte.

OPE : les offres publiques d'échange OPE, sont semblables aux OPA, à l'exception du fait qu'au lieu de proposer aux actionnaires de payer en cash le rachat de leurs actions, l'OPE les paye en actions d'une autre société (même objectif de prise de contrôle de l'entreprise cible par un échange de titres).

Opéable : se dit d'une société dont le capital est suffisamment ouvert et éclaté pour risquer une prise de contrôle.

Open data* : une donnée ouverte est une information publique brute, qui a vocation à être librement accessible et réutilisable (libre disponibilité à tous et à chacun, information structurée libre ou privée).

Open Innovation* : tendance globale de collaboration et de partage de vue du développement de l'innovation.

***Open-Lab** :** un *Open-Lab* fait référence à un lieu et une démarche portés par des acteurs divers, en vue de renouveler les modalités d'innovation et de création pour la mise en œuvre de processus collaboratifs et itératifs, ouverts et donnant lieu à une matérialisation physique ou virtuelle (initiatives privées, petits groupes d'entrepreneurs, coworking...).

Open market : marché ouvert.
Technique d'intervention de la banque centrale sur le marché monétaire par achat et vente de titres.

Le recours à *l'open market* est aujourd'hui usuel dans les interventions du *Federal reserve system* (USA), de la BCE, et des banques centrales européennes.
Les banques centrales nationales servent de relais à la BCE, Banque centrale européenne, pour la mise en œuvre de la politique monétaire.

Open source* : s'applique aux logiciels dont la licence respecte des critères précisément établis par *l'Open Source Initiative*, c'est-à-dire la possibilité de libre redistribution, d'accès au code source et aux travaux dérivés.

Open à distance* : voir Télémédecine.

OPeX* **:** dépenses d'exploitation, charges courantes pour exploiter un produit, une entreprise ou un système. Voir *CapEx*.

Ophélimité : néologisme utilisé par certains économistes (Pareto notamment) pour désigner la satisfaction retirée par un individu de la jouissance d'un bien.
(Quantité unitaire d'un bien : Ophélimité élémentaire).
En quelque sorte la possession du produit par la jouissance qui féconde l'inutile et appauvrit l'indispensable.

Opinion : manière de penser, de juger sur un sujet, qu'il s'agisse d'une attitude de l'esprit qui tient pour vraie une assertion, ou d'une assertion, d'un système d'assertions que l'esprit accepte ou rejette.
Savoir, contre l'opinion de l'actualité, démontrer l'évidence éclipsée.

Optimum : valeur d'une grandeur, ou d'un ensemble de grandeurs, jugée comme la plus adaptée à la réalisation d'un ou plusieurs objectifs.

Optimum au sens de Pareto : soit un choix entre 2 termes (x et y), une situation est optimale au sens de Pareto si on ne peut plus choisir x sans restreindre le choix de y. La situation est sous-optimale s'il est possible de choisir en même temps x et y.

Or : métal précieux utilisé pour remplir certaines fonctions monétaires. Après la Seconde Guerre mondiale, par les Accords de *Bretton Woods* créant la BIRD, Banque internationale pour la reconstruction et le développement, et le FMI, Fonds monétaire international, l'or fut placé au centre du système monétaire international. D'un maniement malaisé, l'or a, dès les premières années de l'après-guerre, cédé la place au dollar.
Comme étalon, l'or n'a pas été remplacé.
Les banques centrales n'en continuent pas moins à considérer l'or comme un instrument de réserve particulièrement recherché, allant même jusqu'à se porter acquéreurs directement ou par l'intermédiaire de la BRI, Banque des règlements internationaux, lors des adjudications du FMI.
Comme pour les bons fromages, gardez vos distances avec l'or.

Ordinateur* : calculateur électronique doté de mémoires à grande capacité, de moyens de traitement des informations à grande vitesse, capable de résoudre des problèmes arithmétiques et logiques complexes (f-) grâce à l'exploitation automatique des programmes enregistrés.
Tout comme son ordinateur, pourra-t-on un jour mettre sa pensée en veille pour préserver sa conscience ?

Organigramme : graphique de la structure hiérarchique de l'entreprise, représentant à la fois ses divers éléments et leurs rapports respectifs.

Originalité : caractère de ce qui est original, d'une personne, d'une action originale.
Alliage fécond de raison et de sentiment, ou, mélange paradoxal de sagesse et de... folie !

Osmotique : qui a rapport à l'osmose à l'interpénétration, à l'influence réciproque.

Outillage : instruments (outils, machines, matrices, ...) dont l'utilisation, concurremment avec un matériel, spécialise ce matériel dans un emploi déterminé.

Ouvrages d'infrastructure : destiné à assurer sur terre, sous terre, par fer et par eau, ainsi que les barrages pour les retenues des eaux et les pistes d'aérodromes.

Ouverture de crédit : convention par laquelle un banquier s'engage à mettre à la disposition de son client, dans des conditions déterminées, une somme fixée que ce dernier pourra utiliser en fonction de ses besoins.

17. P

Paas*, Platform as a Service : plusieurs logiciels ont été créés ou délivrés clés en main à l'entreprise pour fonctionner en mode *SaaS*.

Pacte des libertés : convention solennelle entre l'Etat et les entreprises. Notion antinomique du fait que le Pacte fixe forcément des contraintes à la Liberté.

Panel : échantillon expérimental sur lequel se fait une enquête d'opinion. Echantillonnage : Le choix de l'échantillon est la phase déterminante. Pour résoudre le problème de la constitution de l'échantillon, une série de procédés s'offre au sondeur :

- L'échantillonnage aléatoire choisi au hasard et validé par le calcul des probabilités si la population est homogène par rapport à la question posée.
- L'échantillonnage aréolaire par quadrillage et tirage au sort des aires délimitées par un échantillonnage afin que la marge d'incertitude ne soit pas trop grande.
- L'échantillonnage par la méthode de l'échantillon raisonné quand la population manque d'homogénéité.

On construit un modèle réduit de la population dont les réponses sont représentatives de l'ensemble.

Quels reproches peut-on faire aux échantillons ?

- L'objectif du sondage est insuffisamment cerné.
- L'insuffisance d'individus ne garantit pas la véracité de ses résultats.
- Les sondages téléphoniques sur postes fixes sont incomplets, car 60% de la population n'ont qu'un portable ou sont sur liste rouge ou sont absents, ou ne répondent pas (excès de sollicitations publicitaires).
- Les sondages électoraux sont inopérants pour des élections où les résultats sont très serrés et ont des différences inférieures à la marge d'erreur incompressible (2 à 3% pour les sondages électoraux) ; écarts-types pour les indécis choisissant un candidat à la dernière minute et les silencieux qui ne s'expriment jamais, ainsi que les intervalles d'erreur). *Une économie manipulée et floutée, statistiques, sondages, notations, prédictions, Max Moreau, éditions L'Harmattan 2010.*

PAO* : la publication assistée par ordinateur (*DTP Desktop publishing*) est l'ensemble des procédés informatiques (micro-ordinateur, logiciels, périphériques d'acquisition, d'écriture...) permettant de fabriquer des documents destinés à l'impression.

Paquet* : les informations qui circulent sur un réseau sont scindées en paquets de données de petite taille. Un paquet est l'unité élémentaire d'information pouvant être envoyée d'un routeur à un autre.

Paradis fiscal : état « offshore » qui ne prélève pas ou peu d'impôts et permet à des non-résidents d'échapper à l'impôt dans leur pays de résidence. Conserve le secret bancaire, permet le blanchiment des capitaux et entraîne des pertes fiscales. Le G20 lutte contre l'opacité financière des paradis fiscaux et les dispositifs contre la fraude et l'évasion fiscales sont renforcés (Récemment, l'évasion fiscale révélée par les

« *Paradise Papers* »). Pour certaines multinationales, la corruption et l'évasion fiscale tiennent lieu de fiscalité.

Parallaxe* : elle provoque le déplacement apparent d'un objet observé à partir de deux points différents. Cet effet de mouvement parallactique est souvent utilisé dans les jeux vidéo où l'on exploite l'immobilisme du décor en fond de scène comparativement aux premiers plans très mobiles.

Paramètre : quantité à fixer librement, maintenue constante, dont dépend une fonction de variables indépendantes, une équation ou une expression mathématique. Grandeur mesurable permettant de présenter de façon plus simple les caractéristiques principales d'un ensemble.
La simplicité est à la complexité ce que la perfection est à la médiocrité.

Pare-feu* : (*Firewall*) : est un système qui filtre les paquets de données échangés par un ordinateur avec le réseau.
C'est le seul feu où l'on ne doit pas souffrir de la fumée.

Pari passu (clause) : clause par laquelle l'émetteur d'un emprunt obligataire s'engage à ne pas consentir ultérieurement au profit de nouveaux créanciers certaines garanties ou conditions sans en faire bénéficier également les obligataires de l'émission en cours.
Dans le domaine international, clause de la nation la plus favorisée. Voir : Obligation, Marché obligataire.

Parité : taux de change.

Parkinsonisme : agitation improductive des grandes sociétés. On s'agite pour s'occuper, sans doute parce qu'on ne perd rien pour attendre ?

Parseur* : est un composant logiciel qui vérifie la syntaxe d'un fichier d'entrée et construit une structure de données ou lève des évènements à partir de sa texture.

Part d'intérêt, part sociale : titre représentatif d'une partie du capital social d'une société et remis personnellement aux associés en échange de leurs apports.
Les parts sociales d'une société peuvent être détenues par :
- Les associés en nom collectif.
- Les commanditaires ou commandités des sociétés en commandite simple.
- Les commandités d'une société en commandite par actions.
- Les associés d'une société à responsabilité limitée SARL.

Participation : la participation financière est le fait de prendre part au capital, aux bénéfices (ou pertes), ou à la gestion d'une société ou d'une entreprise.
Les participations sont constituées par : des titres de participation ; des titres créant des liens d'association avec d'autres sociétés ; d'autres moyens aux effets analogues.

Participation des salariés aux résultats de l'entreprise : est une forme d'intéressement. Environ 5 millions de salariés sont concernés par la participation. La participation est exonérée d'impôts et de cotisations (hors CSG et CRDS) si elle reste placée durant 5 ans. Depuis 2012, 8% sont prélevés sur les sommes gagnées par le salarié, et la société doit payer, elle, 20% de la somme brute versée au salarié.
La passion d'imaginer, d'innover, de créer, de développer l'entreprise, fonde le projet de participation des salariés à ses résultats.

PaaS* : la plateforme en tant que *Service (PaaS)* est un modèle de *cloud computing*, au même titre que les *SaaS*, les *Daas* et les *IaaS*. Un fournisseur de services *cloud* propose des outils hardware et logiciels en tant que service via Internet, permettant à l'utilisateur de développer des applications d'entreprises sophistiquées, d'externaliser l'hébergement des outils logiciels et matériels de développement d'applications.

Passif : contrepartie de l'actif dans le bilan d'un sujet économique.

Passifs : élément du patrimoine ayant une valeur économique négative pour l'entreprise. L'ensemble de ces éléments est couramment dénommé passif externe.
Le Conseil d'administration est une assemblée de gestionnaires passifs qui ne s'activent que pour toucher des jetons de présence.

Patrimoine : ensemble des biens et des créances d'une personne (physique ou morale), ou d'un groupe de personnes (famille, société,...). L'évolution récente de la comptabilité publique est marquée par l'importance croissante reconnue à la mesure des patrimoines.
Pour une entreprise, la marque, est le meilleur patrimoine.

Patron social : a à faire d'abord à des hommes, avant de s'occuper des processus techniques et financiers.

Paupérisation : appauvrissement progressif et continu d'une population.
Langage ésotérique technocratique pour signifier appauvrissement collectif.

***Pay per Use** :** (Paiement à l'usage) : vous ne payez que ce que vous utilisez. C'est l'un des principaux avantages des services de *cloud computing*.

Pays limitrophes : Pays situés à la frontière d'un pays, qui a des limites communes.

PCD : Pays capitalistes développés (on préfère dire : Pays industrialisés, PI).

***Peering** :** appairage en français, désigne, dans le domaine des réseaux, l'échange de trafic Internet avec des *peers* (pairs) : d'autres opérateurs ou des fournisseurs de contenu.

Pénurie : situation de rareté particulière par rapport à l'approvisionnement du marché.
La pénurie d'imagination est la pire défaillance des gouvernants.

PER, Price earning ratio : quotient dont le numérateur représente la valeur boursière de l'action et le dénominateur le résultat par action. Le *PER* se calcule en divisant la capitalisation boursière par le résultat net. Il permet d'évaluer la valeur d'un titre par rapport aux prix des titres d'un même secteur.

Pérennité : caractère de ce qui dure toujours ou du moins très longtemps.
Après la génération de la culture du jetable, plus raisonnable, la génération des produits pérennes s'esquisse.

Performant : se dit d'un système, d'un appareil, d'un principe, d'une entreprise, susceptible d'un rendement particulièrement élevé, très compétitif.
La performance collective est l'intégrale et la synergie des performances individuelles.

Permaculture : est une méthode systémique et globale qui vise à concevoir des systèmes (par exemple des habitats humains et des systèmes agricoles, mais cela peut être appliqué à n'importe quel système) en s'inspirant de l'écologie naturelle (bio-mimétisme ou éco-mimétisme) et de la tradition. Elle n'est pas une méthode figée mais un « mode d'action » qui prend en compte la biodiversité de chaque écosystème. Elle utilise les notions d'actualité, d'écologie, d'agriculture biologique, d'économie de ressources, d'éthique et de commerce de proximité.

Permafrost : le **pergisol** désigne la partie d'un cryosol gelé en permanence et de ce fait imperméable. Il existe dans les hautes latitudes (pergisol polaire et subpolaire), mais également dans les hautes altitudes.
Il couvre un cinquième de la surface du globe.
On mesure ses effets (changements climatiques, tourbières, augmentation de la teneur en azote, risque de fuites de mercure en Alaska,...).

Pertes et profits (compte de) : compte regroupant les résultats du compte d'exploitation générale et ceux d'autres opérations étrangères à l'activité courante de l'entreprise au cours de l'exercice.
Le compte de pertes et profits enregistre :

- Les résultats du compte d'exploitation de l'exercice.
- Les résultats d'opérations exceptionnelles ou non liées à l'activité courante de l'entreprise.
- Les reliquats d'opérations constatées au cours de l'exercice mais afférents à des exercices antérieurs.

Passer par pertes et profits, fourre-tout de ce qu'on a perdu, ... comptablement.

Peer-to-Peer (P2P)* : technologie permettant l'échange direct de données entre ordinateurs eliés à Internet, sans passer par un serveur central.

PGF, Productivité globale des facteurs : ou productivité multifactorielle est l'accroissement relatif de richesse (la croissance) qui n'est pas expliquée par l'accroissement d'un usage des facteurs de production, le capital et le travail.

Exemple de facteur de productivité : l'ensoleillement qui augmente la production agricole, les autres facteurs étant constants.

Phablette* : contraction de « Phone » et de « Tablette », ce terme désigne une nouvelle génération de smartphones dont l'écran est plus large, à la croisée d'un smartphone et d'une tablette.

PIB, Produit intérieur brut : somme des valeurs ajoutées + TVA grevant les produits + droits de douanes et assimilés – subventions à l'importation et services bancaires. C'est aussi la somme du Produit intérieur brut marchand (biens et services échangés) et du Produit intérieur brut non marchand (services fournis gratuitement par les administrations publiques). A prix constants, éliminant l'effet de variation de prix.

PIB par habitant : égal au revenu par habitant ; mesure incomplètement le niveau de vie. Sa croissance traduit l'amélioration du niveau de vie moyen du citoyen. La vérité mathématique n'est pas forcément la sincérité.

Piratage informatique* : le piratage informatique regroupe tous les moyens que le pirate va utiliser pour subtiliser des données sensibles telles que les mots de passe, les coordonnées bancaires, les données importantes stockées en ligne ou sur un ordinateur, et accéder au réseau Wi-Fi. Le piratage prend des formes diverses et variées :

- Le virus : mail frauduleux, caché dans pièce jointe, SPAM ou pourriel.
- Phishing : Mails frauduleux de pirates qui se font passer pour une banque, un fournisseur d'Internet, d'électricité ou de communication.

Pixel* : est la contraction de « *picture element* ». Le pixel est ee plus petit élément d'une image susceptible d'être manipulé par des programmes ou logiciels.

Placement : opération de détenteurs de capitaux qui affectent ceux-ci à des emplois étrangers à leur activité professionnelle ou à leur compétence d'en l'espoir d'en tirer profit.

Plan : ensemble de prévisions et d'objectifs économiques à la réalisation desquels sont associés, dans une structure cohé rente, des moyens définis.
Le 1er plan français, dit « plan Monnet » (1947-1952), géré par le Commissariat au plan, prescrivait des objectifs impératifs à la production (limités à 6 secteurs clés : charbon, électricité, sidérurgie, ciment, machines agricoles, transports intérieurs).
Sur le plan de la conception et de l'élaboration, la planification française a inscrit à son actif un enrichissement progressif du plan qui ne paraît pas s'être traduit par un progrès réel du rôle de la planification dans le développement de l'économie. Il ne sera pas renouvelé en mars 1993. Il sera laissé en plan !
On peut regretter qu'il ne soit pas remplacé par un **Master-Plan** séquencé sur 3 ans. Elaboré par un Commissariat à la prospective (composé d'un Commissaire général, du ministre de l'Economie, des Finances, et de l'Industrie, du ministre du Travail et du Plein-emploi actif, de 6 hauts-fonctionnaires détachés des Finance, de l'Industrie et de l'Emploi, de 6 parlementaires, de 6 membres de la Haute chambre économique, de 6 économistes, de 6 scientifiques et de 10 personnalités qualifiées de la Société Civile), formulé clairement, ductile, intelligible, éducatif, qui élargit son audience, compréhensible par le peuple, et qui recherche toutes les aires de contacts transdisciplinaires avec l'emploi. Détaillé dans *Les Politiques sont-ils à l'Ouest ? Stratégie du Plein-emploi, Max Moreau, éditions L'Harmattan, 2016.*

Plateformes multifaces Eco Numérique* : quelques exemples de plateformes multifaces : Amazon, ebay (plateformes de vente), Google, TF1 (publicité), Master Card, Visa, American Express (systèmes de paiement), Sony, Wii, Microsoft (consoles de jeux).
Tout opérateur de plateforme en ligne est tenu de délivrer au consommateur une information loyale, claire et transparente sur ses conditions d'utilisation (loi pour la confiance dans l'Economie numérique N° 2004-575, loi Macron N° 2015-990, PLRN, Projet de loi pour une République numérique).
Forte concurrence de ces plateformes avec l'ancienne économie.

Plein-emploi : c'est l'ensemble de la population active potentielle occupée par un travail acceptable, estimable et respectable qui lui assure un revenu décent.

PMI – PME : Petites et moyennes entreprises.

Poisson (loi de) : mode de répartition d'une grandeur statistique obtenu lorsque, sur un nombre total d'observations très élevé, on cherche à compter le nombre d'apparitions d'un événement très peu fréquent. (exemple : nombre de sextuplés parmi un grand nombre donné d'accouchements).

Pôle Emploi : Guichet unique issu de la fusion de l'ANPE et de l'UNEDIC, ayant un triple objet : simplicité pour le demandeur d'emploi, accompagnement sur mesure, efficacité pour le retour vers l'emploi.
Des sites Internet privés de petites annonces, tel leboncoin, font de plus en plus concurrence à Pôle emploi.

Politique : Relatif à la conception, à l'organisation, à la théorie, et à l'exercice du pouvoir temporel dans une société organisée, au gouvernement d'un Etat et aux problèmes qui s'y

rattachent. Les spécialistes de ce type d'activités sont les gouvernants. (Politique économique, politique monétaire).
Le corps politique a le même pourcentage d'incorrigibles hâbleurs que le corps humain.

Pondération : attribution d'une valeur particulière aux divers éléments d'un indice (chaque indice de production industrielle est pondéré pour obtenir un indice général significatif : l'indice pondéré).

Population globale : ensemble des personnes qui habitent la France : Français + étrangers résidents, Métropole + DOM.

Population active disponible : elle se compose des personnes qui exercent une activité professionnelle, y compris les jeunes en apprentissage et les chômeurs (actifs occupés + demandeurs d'emploi).

Population au chômage réel : le chômage est constitué par des personnes recherchant effectivement un emploi, disponibles, n'ayant pas d'occupation professionnelle, et par des personnes disponibles ayant trouvé un emploi à terme (travailleurs en transition d'emploi et quelques « inemployés invétérés »).
Le **chômage réel** est la somme de plusieurs agrégats :
Chômeurs officiels (3.451.000 au 01.01.2018, soit 9,6% de la population active) + quote-part de chômage partiel et de chômage technique, de sous-emploi, d'activité réduite, de temporaires, de chômeurs ne recherchant pas activement un emploi, de chômeurs en fin de droits, de Fac-parking, de SDF, de la différence entre les demandeurs d'emploi et les chiffres officiels du chômage. (évaluation du chômage réel au 01.01.2018 : 5.150.000 chômeurs réels).

Population active occupée : population qui a un emploi et travaille.

Population inactive : étudiants, femmes au foyer, retraités, handicapés...

Portabilité* : capacité du code source d'une application à être « porté » d'une plate-forme à une autre.

Porte logique* : c'est le composant de base de tous les circuits intégrés. Elle est composée de quelques transistors et assure toutes les fonctions élémentaires logiques (ET, OU, NON).

Postulat : c'est une idée à laquelle adhèrent les membres d'une communauté scientifique. On ne cherche pas à savoir si le postulat est vrai ou faux ; il est d'ailleurs « indémontrable » et ne fait pas l'objet d'une démonstration.
Principe indémontrable, non évident par lui-même, mais qui paraît légitime, incontestable.
Français moyen : est-ce un postulat ou un pléonasme ?

Pouvoir d'achat : quantité de biens ou services qu'une somme d'argent permet d'acheter.
Insuffisant chronique.

Précision arbitraire* : consiste à calculer en n chiffres, où l'entier n est spécifié par l'utilisateur, et peut aller de quelques unités à plusieurs millions.

Préconisations : action de recommander avec insistance des propositions.
Est-ce un conseil, un précepte ou une consigne ?

Prédiction : action de prédire, d'annoncer une chose probable comme devant se produire, par conjecture, raisonnement, intuition, prémonition, etc. L'avenir appartient à ceux qui voient les évidences avant les autres. Le passé est un essaim de certitudes, l'avenir un troupeau de doutes.

Préfinancement : affectation de ressources à titre provisoire pour le financement d'une opération économique en attendant le moyen de financement durable.

Prélèvement obligatoire (taux de) : c'est le rapport entre les prélèvements obligatoires (impôts et cotisations sociales) et le PIB.

Premier marché : le premier marché, appartenant à la Bourse de Paris, regroupe les entreprises qui génèrent les transactions les plus importantes (les plus hautes capitalisations boursières). Ce marché est particulièrement contrôlé, les entreprises doivent publier leurs comptes et ont des obligations en terme d'information des actionnaires.

Pression fiscale (taux de) : c'est le rapport entre les impôts et le PIB. Mesure économique de la contrainte exercée par un impôt ou un ensemble d'impôts.
Les erreurs sont comme les impôts : elles sont renouvelables.

Prestations sociales : Comptabilité nationale : versements en espèces ou en nature à but social effectués en faveur des ménages par les administrations ou les entreprises qui, en règle générale, sont liés à l'acquittement préalable d'une cotisation.
Elles comprennent :
- Les prestations de maladie, maternité, décès.
- Les indemnisations d'accidents du travail.
- Les allocations familiales, de salaire unique, de mère au foyer, allocation logement, supplément familial des fonctionnaires, etc ...
- Les retraites.
- Les prestations d'assurance chômage.

Prêt : contrat par lequel une personne transmet à une autre l'usage d'un bien pendant un certain temps.
On emprunte à un ami, on rembourse parfois à un ennemi.

Prévisions : action de prévoir, connaissance de l'avenir. Ce qu'on croit devoir être dans l'avenir ; opinion formée par le raisonnement sur les choses futures.
On ne pardonne pas à ceux qui n'ont pas atteint leurs prévisions trop optimistes ; d'où la nécessité de prévoir à la limite pessimiste.
La seule chose prévisible concernant une crise économique est... l'imprévisible. Pour être raisonnable dans les prévisions, il faut être... fou, car, pour beaucoup, la prévision économique est aussi incertaine que l'astrologie. Car aussi, plus elles concernent l'avenir, plus elles sont délicates.
Les prévisionnistes de Bercy sont-ils des miroirs qui réfléchissent, mais ne pensent pas ?

Pricing power : La capacité de l'entreprise à faire admettre le prix de ses produits et services à la clientèle.
Plus le *pricing power* est élevé, plus il satisfait l'entreprise et plus il chagrine le consommateur.
La mondialisation, elle rythme comme *pricing power* et miséricorde ?

Prime d'émission : différence entre la valeur nominale d'une obligation et son prix d'émission.

Principe de non-exclusivité : dans le cadre des services collectifs, le principe de non exclusivité indique que l'utilisateur du service n'a pas nécessairement à en payer le prix.

Principe de non rivalité : dans le cadre des services collectifs, le principe de non rivalité indique que l'utilisation du service par un agent supplémentaire ne pose aucun problème. Il n'y a donc pas d'effet d'encombrement.

Principe de précaution : le principe de précaution est formulé, dans un sens autre que scientifique, pour la première fois en 1992 dans le principe 15 de la Déclaration de Rio : « En cas de dommages graves ou irréversibles, l'absence de certitude scientifique absolue ne doit pas servir de prétexte pour remettre à plus tard d'adoption de mesures effectives visant à prévenir la dégradation de l'environnement ».
La charte de l'environnement de 2004 a modifié pour la troisième fois sa formulation, en précisant que les autorités publiques sont les seules à pouvoir appliquer le principe de précaution qui est devenu un principe d'action et non d'inaction.
La généralisation de ce principe, lorsqu'il est appliqué de façon abusive, peut entraver l'esprit d'entreprise.

Private equity*: *Capital investment. : activité consistant pour un fonds d'investissement à prendre une participation au capital (*equity* par rapport à la dette) dans des sociétés généralement cotées.

Privatisation : fait de confier au secteur privé des activités qui étaient jusqu'alors le propre du secteur public. Contraire de nationalisation, étatisation.

Prix : valeur marchande d'un bien ou d'un service.
Transaction d'une entreprise avec l'extérieur.

Prix d'offre : c'est le prix minimum à partir duquel l'offreur est prêt à faire la transaction.

Prix de demande : c'est le prix maximum au-delà duquel le demandeur n'est plus prêt à faire la transaction.

Prix de revient : coût, pour l'agent économique, du bien ou service qu'il produit.

Prix nominatif : c'est le prix exprimé en unités monétaires.

Prix réel : c'est le prix d'un bien, compte tenu de l'effet d'inflation. Cette notion s'apparente donc à la notion du pouvoir d'achat.

Prix relatif : le prix relatif de deux biens est le prix du bien exprimé en quantité de l'autre bien.

Probabilité : grandeur numérique par laquelle on exprime le caractère aléatoire (possible et non certain) d'un événement, d'un phénomène et qui est égale au rapport du nombre des cas favorables à celui des cas possibles.
Quelle est la part du probable dans le hasard et la nécessité ?

Probabilités (calcul de) : partie des mathématiques ayant pour objet l'étude des mécanismes aléatoires et des propriétés que possèdent les produits de ces mécanismes.

Problématique : questionnement, art, science de poser les problèmes dont les éléments sont liés dans un champ théorique qui définit leur position relative.
La problématique pousse à l'approfondissement et au discernement.
La confrontation à de multiples problèmes est source de progrès.

Procédé* : est une méthode, une technique utilisée pour la réalisation d'une tâche, ou la fabrication d'un matériau ou d'un produit fini.

Processus : ensemble de phénomènes conçu comme actif et organisé dans le temps.
La vie est un lent processus de croissance et de décroissance.

Production : création d'un bien ou d'un service propre à la satisfaction d'un besoin ou d'un désir.
Ensemble des biens et services produits, propres à la satisfaction d'un besoin ou d'un désir :

- Soit vendu sur le marché.
- Soit dont les facteurs de production s'échangent sur un marché.

Plus la production est longue et complexe, plus la sentence sera courte et claire.

Productivité : rapport du produit (quantité de bien matériel obtenu, importance du « service assuré ») aux facteurs de production (quantité d'énergie ou de matière première employée, temps de travail dépensé, capital mis en œuvre, etc...). La productivité globale de l'entreprise ou de la collectivité en exprime, en fait, l'économie.

Productivité marginale du travail : rapport entre la variation de production et une variation infinitésimale du facteur travail.
La productivité se cultive par l'allègement des tâches, l'intéressement aux résultats, l'implication et l'esprit d'équipe.

Produit intérieur marchand : biens et services échangés.

Produit intérieur non marchand : services fournis quasi gratuitement par les administrations.

Produits constatés d'avance : produits perçus ou comptabilisés avant que les prestations et fournitures les justifiant aient été effectuées ou fournies. A ce titre, l'entreprise devra s'acquitter d'une dette en nature.

Produits courants (comptabilité analytique) : produits d'exploitation afférents à la période de calcul. Ils comprennent les produits financiers courants mais ne comprennent pas les produits sur exercices antérieurs et les produits exceptionnels.

Profit : différence entre l'ensemble des recettes d'une entreprise et l'ensemble de ses charges liées à la production et à la vente de ses biens et services.
Pour vendre ou acheter, il faut persuader en conservant son profit. Le profit bien réparti profite au climat de l'entreprise.

Progiciel : ensemble de programmes informatiques conçus pour un type d'utilisation.

Programmation linéaire : méthode mathématique consistant à rechercher la solution d'un problème en la formulant comme l'optimisation (maximation ou minimisation) d'une fonction linéaire de plusieurs variables, soumises à diverses contraintes exprimées elles-mêmes sous forme d'équations ou d'inéquations linéaires.

Programme : ensemble des modalités d'action permettant d'atteindre un objectif.

Programme source* : c'est le texte du programme qui est saisi par un traitement de texte par exemple. Ce fichier source est voué à être compilé, c'est-à-dire à être traduit en langage machine.

Progrès : évolution de l'humanité, de la civilisation (vers un terme idéal). Changement d'état qui consiste en un accroissement (le plus souvent régulier, graduel) d'action, de force, d'état, en un passage à un degré supérieur. Amélioration.
Le progrès pour éclaircir l'horizon :
Nous nous réclamons du progrès.
Fruit d'un mouvement qui provoque une progression satisfaisante, un élancement vers un monde idéal, entraîné par des avancées scientifiques et technologiques, il améliore les

valeurs économiques, sociales, sociétales, morales, intellectuelles ou esthétiques.
Son essor, son ascension continuelle vers plus de connaissance et de bonheur, nécessitent au préalable des bases solides d'éducation, de formation, d'innovation et d'éthique. Le perfectionnement et l'amélioration concourent à son épanouissement dans toutes les disciplines : sciences, recherche robotique, numérique, médecine, histoire, politique, philosophie, sociologie ou économie, et à l'évolution de la civilisation. La sagesse des hommes se consacrera à resserrer le lien entre le progrès technologique, avancée sociale et développement culturel, et à contrecarrer ses excès maléfiques modernistes, sociaux et environnementaux.

Progressivité : caractère de l'impôt dont le rapport au revenu croît avec celui-ci.

Prohibition : interdiction d'importer ou d'exporter un produit. Les prohibitions subsistent de façon résiduelle dans les réglementations économiques modernes.
Les principaux motifs d'interdiction sont :
- Les préoccupations stratégiques : matières premières, matériels militaires, nucléaire.
- Les préoccupations fiscales : protection des monopoles d'Etat.
- Les préoccupations de police : interdiction d'importer des produits pouvant nuire à la santé morale ou physique des habitants, ou risquant d'introduire dans le territoire des épizooties ou épiphyties.
- Les préoccupations diverses : protection du patrimoine artistique, lutte contre les fausses marques, ...

Paradoxalement, la prohibition de l'alcool et du cannabis a provoqué une augmentation de l'alcoolisme et du nombre de drogués.

Projet : opération que l'on propose ou qu'on envisage de réaliser. J'ai toujours plus de projets que de souvenirs, une épidémie que je ne peux enrayer.

Prolégomènes : préface contenant les notions préliminaires nécessaires à l'intelligence d'un livre.

Prolétaire : qualité de celui qui ne dispose que de sa force de travail.

Prolétariat : état de prolétaire ; ensemble des prolétaires.

Propension marginale à consommer : c'est l'évolution de la consommation des ménages à la suite d'une variation infinitésimale du revenu disponible brut.

Propension moyenne à consommer : c'est la part de la consommation des ménages par rapport à leur revenu disponible brut.

Propriété : droit par lequel une chose est possédée en propre ou par une personne (morale ou physique).
Propriété artistique et littéraire, propriété commerciale, propriété industrielle.
Pourquoi s'attache-t-on, avec tant d'acharnement, à être propriétaire, alors que pour la vie, nous ne sommes que des locataires fugaces ?

Prospectiviste : spécialiste de la prospective, qui concerne l'avenir. Elle se comporte comme un ami : elle offre un peu d'éclairage lorsque la période est trop sombre. D'autant que, pour le futur, ... c'est vraiment malaisé !

Protectionnisme : doctrine économique préconisant, ou mettant en pratique, un ensemble de mesures favorisant les activités nationales et pénalisant la concurrence étrangère. Le protectionnisme existe dans des situations transitoires, mais

le développement des entreprises multinationales a conduit à une internationalisation de la production qui semble irréversible. Dans ce cas, la véritable justification du protectionnisme se limite à la nécessité où sont les Etats à faire prévaloir leurs objectifs économiques et sociaux contre la domination exercée par un nombre restreint d'entreprises mondiales.
Le protectionnisme entraîne des effets boomerang néfastes pour ses instigateurs, à l'inverse des objectifs recherchés, mais (malheureusement) pas immédiats.

Protestation : déclaration formelle par laquelle on s'élève contre ce que l'on déclare illégitime, injuste, etc... C'est un témoignage de désapprobation, d'opposition, de refus.
Cette posture provocante est dans l'ADN des Français.
Protester, n'est-ce pas, d'abord, se surestimer ?

Protocole* : les ordinateurs respectent des protocoles. Quand un relais de courrier électronique transmet un message à un autre relais, il suit une procédure standardisée (identification de l'émetteur, transmission de l'adresse de l'expéditeur, celle du destinataire, le contenu du message, la fin de transmission, « OK » ou « ERREUR »).

Provision : somme affectée par l'entreprise à la couverture d'une charge ou d'une perte virtuelle, future ou éventuelle. Somme épargnée, « mise de côté » par l'entreprise (ou l'agent économique) pour faire face à une charge que l'on « voit venir » mais qui ne donne pas encore lieu à dépense. (Provisions pour dépréciation, fluctuation des cours, hausse des prix, reconstitution de gisement, provisions spéciales).

Psychologie : connaissance empirique, spontanée, des états de conscience, des sentiments d'autrui ; aptitude à comprendre, à prévoir les comportements.

La psychologie est un élément essentiel de l'art du management. Car manager est un sport de combat, à exigences physique et mentale.

Publicité : Ensemble des actions visant, aux fins de promouvoir les ventes d'une entreprise, à épanouir ou à créer les besoins de ses produits et à maintenir ou à améliorer l'image de l'entreprise dans l'esprit du consommateur. Les formes modernes de publicité (et des disciplines voisines) attaquent de manière rigoureuse et insidieuse les tendances profondes du consommateur dont elles cherchent à exploiter les désirs inassouvis, lacunes ou tensions aux fins de suggestion. (Curiosité, besoin de certitude, paresse, besoin d'acquisition, besoins de confort, de bien-être et de plaisir, besoin de performance économique, besoins d'avancement social, de sentimentalité, de sexualité).
Attention à ses dangers : malhonnêteté, gaspillage, risques économiques collectifs, création de besoins, tensions inflationnistes, produits importés, pression sur les revenus et les salaires.
La publicité est au génie ce que la perle est à l'huître.

Put : option de vente sur un contrat à terme sous-jacent au prix d'exercice pendant une période déterminée. Option qui permet de vendre une valeur à un cours donné, à une date déterminée.
A ne pas confondre avec le putt golfique, à un t près !

PVD : Pays en voie de développement.

Pyramide des âges : ensemble de deux histogrammes de la distribution des âges dans une population pour chacun des deux sexes.

18. Q

QCM : questionnaire à choix multiple dans lequel une liste de réponses est proposée.

Quitus : acte par lequel l'autorité qualifiée atteste qu'un gestionnaire financier cessant ses fonctions est dégagé de responsabilités au titre de celles-ci.
Cela signifie que sa gestion est reconnue régulière et que rien n'y a été relevé qui soit de nature à engager sa responsabilité.
Il est regrettable qu'on ne puisse donner quitus, après un mandat électif.

Quota : terme anglais (d'origine latine), synonyme de contingent ou de quote-part.

Quotient familial : résultat de la division du montant du revenu imposable (à l'impôt sur le revenu) par le nombre de parts.

Quotité (impôts de) : impôt dont le taux est fixé par l'autorité qui lève l'impôt, en sorte que son produit dépend des variations de la matière imposable. Remplace l'impôt de répartition.

QR code* : est un type de code-barres en deux dimensions (ou code matriciel datamatrix) constitué de modules noirs disposés dans un carré à fond blanc.

19. R

Raisonnement par récurrence* : raisonnement de proche en proche qui permet de démontrer toute une suite de propriétés, en vérifiant seulement deux conditions : que la première propriété est vraie (initialisation), puis que si une propriété est vraie, alors la suivante l'est aussi (héritage).

Rareté : insuffisance d'une ressource par rapport à un besoin. Dans le domaine économique, la rareté n'existe que par rapport au besoin objectif, consenti ou exprimé (dans ce dernier cas, il s'assimile à la demande). Conçu sous cet angle, est un des phénomènes fondamentaux de la vie économique ; au point qu'on a pu définir celle-ci comme la lutte contre la rareté. En économie de marché libérale, elle est le fondement de la théorie des prix (bien produit en quantité limitée). La rareté se distingue de la pénurie qui reflète une situation de manque particulier par rapport à la norme.
Un grand gouvernant qui réussit, c'est l'histoire d'un merle blanc.

***Rating* :** notation financière d'une entreprise.

Ratio : rapport de deux grandeurs variables, auquel on attribue une signification particulière pour certaines valeurs prises pour ces grandeurs.

Le ratio des imbéciles sortant des grandes écoles rapporté à celui de ceux qui sortent des bouches du métro, est égal à un.

Rationalité : en microéconomie, on postule que les agents sont rationnels. Ils sont donc capables de faire le meilleur choix possible en respectant les contraintes qui s'imposent à eux.
En macroéconomie, il semble que ce ne soit pas le cas, en particulier en matière de gestion de la dette nationale : « Nous héritons de nos parents et nous empruntons à nos enfants ». Voir Rationalité.

Récessif : qui subsiste à l'état latent. Qui recule, qui présente ou constitue une récession.

Récession : ralentissement de l'activité économique.
On considère qu'un pays est en récession lorsque son PIB a diminué pendant deux trimestres consécutifs.
Tant que le quota des ignorants ne sera pas en récession, la médiocrité nous étouffera.

Receveur d'information : personne qui reçoit une information économique pour la juger et décider éventuellement d'une action.

Redistribution : différence entre ce qu'un individu, un ménage ou un groupe social, paie sur les ressources tirées de son travail et de son patrimoine aux administrations publiques et parapubliques et ce qu'il en reçoit. La redistribution a pour effet :
- Un partage collectif des risques : assurance maladie, aide médicale, assurance chômage, assurance automobile, etc...
- Une correction de la distribution des revenus et de l'allocation des ressources (fiscalité, transferts, scolarité obligatoire).

- Des incitations, positives ou négatives, à l'obtention de certains biens ou services (prime d'épargne-logement, réduction des tarifs de la SNCF, taxation élevée des biens de luxe).

L'enjeu économique de la redistribution caresse-t-il une chimère qui consiste à enrichir les pauvres par la redistribution de la richesse, sans punir et décourager ceux qui la créent ? Et, par conséquent, paralyser le système ?

Redondance : caractère de ce qui apporte une information déjà donnée sous une autre forme.
L'information est une arme enrayée par la redondance.

Réévaluation : décision de politique économique visant à augmenter la valeur d'une monnaie par rapport aux autres monnaies.

Reflation : ensemble des actions aboutissant à un accroissement de la demande et à une reprise de l'activité économique et de l'emploi. Elle a pour objet de « regonfler » la valeur relative de la demande dans une économie anémiée par une récession ou ayant subi une forte déflation.
Les stratégies de reflation revêtent quatre formes essentielles, souvent combinées :

- La remise en ordre des circuits par diverses mesures techniques (contrôle des prix, politique de déficit budgétaire et d'emprunts publics pour mobiliser l'épargne).
- La réduction de l'offre instantanée (contingentement des importations, limitations autoritaires de production, limitation du temps de travail, fermeture de certains établissements).
- La politique d'accroissement de la demande (accroissement des dépenses publiques, politique *d'open market* : émissions massives finançant des travaux et épongeant les disponibilités politique d'égalisation des revenus (secours

aux chômeurs, retraites anticipées, allègement de la fiscalité pour les faibles revenus).
- Augmentation de la demande induite (dévaluation pour relancer les exportations, politique sélective du crédit et d'une politique de restriction généralisée des coûts par amélioration de la productivité ?).

Refus : action, fait de refuser ce qui est offert ou proposé. La proposition du gouvernement est refusée par les syndicats : une lapalissade.

Régalien : pouvoir absolu de l'Etat dans quelques domaines réservés (défense, diplomatie, sécurité intérieure, droit & justice, éducation nationale & formation, santé : Etat protecteur, investissements stratégiques), sans contrôle démocratique.
Exercer le pouvoir régalien d'une manière abusive, n'est-ce pas bafouer la démocratie ?

Régime économique : caractéristiques institutionnelles fondant dans le cadre d'un système économique les conditions d'organisation pratique du fonctionnement de l'économie.

Registre* : est une mémoire de petite taille (quelques octets), située à l'intérieur même d'un processeur, contrairement à la mémoire vive.

Règlement judiciaire : procédure judiciaire visant à satisfaire les droits des créanciers sur le patrimoine d'une personne ou d'une entreprise en état de cessation de paiements. Comme la faillite, le règlement judiciaire constate l'échec d'un entrepreneur et le non-paiement de ses dettes.

Régularisation (Comptes de) : répartition des charges et des produits dans le temps de manière à rattacher à un exer-

cice déterminé toutes les charges et tous les produits le concernant effectivement.
Entrent dans cette catégorie : les charges (à répartir sur plusieurs exercices, constatées d'avance, à payer ou dettes approvisionnées), les produits (constatés d'avance, à recevoir). Les régularisations font l'objet d'inscriptions dans les comptes classés, dans les rubriques et postes appropriés du bilan.

Relance : impulsion donnée à l'économie pour réanimer ou accélérer son expansion.
L'économie est comme une amoureuse qui aime être entourée d'experts, serrée de près et relancée par des donneurs de leçons.

Relocalisation : retour de la production dans le pays d'origine. C'est en fait un ralentissement de la délocalisation, et, dans de nombreux cas, sa remise en cause.

Remboursement : action de rembourser, de payer (quelque chose, de l'argent) pour faire rentrer quelqu'un dans ses débours, pour le dédommager, pour s'acquitter...

Remboursement de la dette : la dette ? Une charge héritée des parents, et empruntée aux enfants.

Rendement : rapport entre un élément concourant à la production et le volume ou la valeur de la production correspondante. Le terme de productivité est plus conforme à la réalité moderne puisqu'il remplace la notion de restitution par celle de production et de création.
Selon la loi des rendements croissants, une entreprise qui a des coûts fixes et des coûts variables, peut être en position d'augmenter sa production au prix d'un accroissement des seconds sans évolution des premiers, au moins à un certain stade. Le coût moyen de chaque objet produit diminue alors.

La loi de rendements décroissants joue pour toutes les exploitations de produits naturels (activités extractives et agricoles (relativité), secteur primaire).
Dans le domaine financier, la notion de rendement fait place à celle de productivité du capital, ou de rente et de rentabilité.
Au niveau de l'entreprise, du secteur ou de l'économie, le terme de rendement économique du capital productif est réservé au rapport entre le profit annuel brut et le capital fixe ou immobilisé.

Rentabilité : capacité d'un capital placé ou investi de produire un revenu, exprimée en termes financiers.
Rentabilité globale de l'entreprise :

$$\frac{\text{Profit}}{\text{Capital}} = \frac{\text{profit}}{\text{valeur ajoutée}} \times \frac{\text{valeur ajoutée}}{\text{capital}}$$

La rentabilité est l'indice primordial du succès d'une entreprise, parce qu'il mesure la conversion d'un rêve en réalité.

Rente : sur-revenu d'un facteur de production.

Répartition : technique utilisée dans les opérations d'assurance, où la masse des primes ou des cotisations recueillies au cours de la période est utilisée au règlement des sinistres survenus pendant cette période.

Répartition (comptabilité nationale) : opérations concourant à la formation des revenus.

Répartition (impôt de) : impôt dont le produit total est fixé à l'avance par l'autorité qui lève l'impôt, puis réparti entre les assujettis proportionnellement aux bases de l'imposition.
La répartition des impôts s'aligne toujours sur les besoins et non sur les moyens.

Reports à nouveau (bénéficiaire ou déficitaire) : bénéfice ou perte dont l'affectation est renvoyée par l'AG Ordinaire, statuant sur les comptes de l'exercice, à la décision de l'AG Ordinaire appelée à statuer sur les résultats de l'exercice suivant.

Reporting : compte rendu, rapport d'activité.

Réseau* : un réseau est constitué de nœuds reliés par des liens, ce qui se modélise souvent par un graphe (routeurs reliés par fibre optique).

Réserves : ensemble des fonds ou valeurs conservés par le sujet économique en prévision de besoins éventuels ou pour des raisons légales ou contractuelles : réserves légales, statutaires et contractuelles, facultatives, provenant de subventions d'équipement, de renouvellement des immobilisations, plus-values de cession à réinvestir, de renouvellement des stocks, de réévaluation, spéciale de participation des travailleurs.
Le commissaire aux comptes est sur la réserve devant tant de réserves au passif du bilan de l'entreprise.

Réserves de change : moyens de règlement dont les autorités monétaires d'un pays peuvent disposer pour solder les déficits de leurs balances des paiements envers l'étranger : l'or, les avoirs en devises, les créances sur le FMI.

Résidents : ensemble des agents (personnes publiques ou privées) constituant une nation ou un territoire, au sens économique du terme.
Les résidents d'une nation se plaignent toujours de leur gouvernance, mais, en fait, ils n'ont que celle qu'ils méritent.

Résilience : fait de surmonter les évènements difficiles.

Responsive* : capacité d'un site Web à s'adapter à tout terminal et à toute taille d'écran.

Ressources : Comptabilité nationale : biens, services ou capitaux dont on peut disposer : compte global des ressources et emplois de biens et services de la nation, compte des opérations de répartition, compte des opérations financières.
Malgré défaillances et déficiences, le banquier ne manque pas de ressources.

Résultat : comptabilité nationale : solde d'un compte enregistrant les opérations d'un ou de plusieurs secteurs institutionnels.

Résultat d'exploitation : ancien système de comptabilité nationale : solde du compte d'exploitation d'une entreprise.

Résultat brut d'exploitation : ancien système de comptabilité nationale : Solde du compte d'exploitation des entreprises ou des ménages.
A force de penser qu'il n'y a que le résultat qui compte, on en oublie les hommes qui y ont concouru.

Retenue à la source : paiement d'un impôt, ou d'une fraction d'impôt, par le débiteur d'un revenu et pour le compte du bénéficiaire du revenu.
Elle présente plusieurs avantages :
- Budgétaire : l'impôt est payé dès le versement du revenu.
- Psychologique : l'impôt payé par un tiers est plus indolore.
- Technique : le débiteur du revenu est plus facile à contrôler ; le risque de fraude est diminué.

L'impôt sur le revenu sera prélevé chaque année : en 2018 sur les revenus de 2017, en 2019 sur les revenus de 2019. L'année 2018 sera une année de transition.

Le **consentement à l'impôt** est le principe démocratique selon lequel un impôt prélevé par l'Etat doit avoir été accepté par les représentants de la nation. Il mesure l'acceptabilité du bon fonctionnement de l'Etat.

Rétorsion : action entreprise par un Etat à l'encontre des intérêts d'un autre Etat afin d'en obtenir l'annulation de mesures antérieures nuisibles à ses propres activités. Aucune distinction n'est possible entre représailles (réponse illicite à une action illicite) et rétorsion, maintenue dans les normes juridiquement acceptables. Les risques de telles représailles ne sont pas négligeables et leur efficacité nullement garantie dans une société de libre-échange.

Rétrofuturisme* : tendance dans les arts créatifs, montrant les représentations de l'avenir, produites jusque dans les années 1970, 1980. Caractérisé par un mélange de l'imagerie « rétro » avec des styles technologiques.

Rétropolation : reconstruction de données anciennes.

Réussite : bon résultat, heureux succès.
Le manager qui réussit ne doit pas oublier de se prémunir des enflures par des protège-chevilles.

Revenu : ce qui est perçu par un individu ou une collectivité comme fruit du capital ou rémunération du travail.

Revenu disponible brut des ménages : Comptabilité nationale : différence entre le total des ressources du compte de revenu des ménages et les emplois de ces ressources au titre des opérations de répartition. (revenu de transfert + revenu primaire).

Revenu de transfert : c'est le revenu déduit du revenu primaire (impôts et cotisations sociales), on parle aussi de revenu de transfert négatif, ajouté au revenu primaire (prestations sociales). On parle de revenu de transfert positif.

Revenu fiscal : revenu déclaré à l'administration fiscale.

Revenu national : agrégat représentatif du flux des ressources nationales en biens et services créés au cours d'une période donnée.

Revenu nominal : c'est l'expression monétaire du revenu.

Revenu primaire : ce sont les revenus générés par l'acte de production : revenus de la propriété, rémunération des salariés.

Revenu réel : c'est l'expression monétaire du revenu rapporté au niveau général des prix. C'est donc une expression du pouvoir d'achat.

Revenu salarial : voir Salaires.
Je n'en suis pas encore revenu de la multiplicité des revenus.

RGPD, Règlement général sur la protection des données* : est une étape majeure dans la protection des données. Il vise à renforcer cet enjeu auprès de ceux qui traitent les données et à responsabiliser les professionnels. Il consacre et renforce les grands principes de la Loi Informatique et Libertés, en vigueur depuis 1978, et accroît sensiblement les droits des citoyens en leur donnant plus de maîtrise sur leurs données.

Rhéostatique : permet de faire varier la force et l'intensité de la mesure envisagée.

Rhétorique : art de bien parler, technique de la mise en œuvre des moyens d'expression du langage.
Art particulièrement développé chez les prédicateurs de l'économie.

Les gens les plus difficiles à comprendre sont, les schizophrènes, les astrophysiciens, et les psychanalystes, et enfin les énarques qui parlent rébus !
L'improvisation, c'est la préparation bichonnée.
A paroles fulgurantes, actes apathiques.

Rigueur : sévérité morale, application sans réserve de principes moraux. Austérité, fermeté, rectitude. Caractère de ce qui ne souffre pas d'exception, qui s'applique d'une manière constante, exacte et précise.

Risque : élément d'incertitude qui peut affecter l'activité d'un agent ou le déroulement d'une opération économique. L'activité d'entreprise, commerciale ou industrielle, comporte une part de risques qu'il est du rôle du chef d'entreprise d'assumer, après les avoir appréciés (justification du profit en économie capitaliste).
La fortune sourit aux audacieux qui ont le goût du risque ; l'infortune aux téméraires... qui ont aussi le goût du risque.

Robot* : mécanisme automatique à commande électromagnétique pouvant se substituer à l'homme pour effectuer certaines opérations, et capable d'en modifier de lui-même le cycle et d'exercer un certain choix (par l'utilisation de la détection photo-électrique, des « cerveaux » électroniques, des servo-moteurs, ...).

Robotique : science dont l'objet est la réalisation et l'utilisation des robots.

RoE, Return on equity : taux de rendement des capitaux propres.

Routage* : le processus qui est dans un réseau permet d'acheminer de proche en proche un paquet de données jusqu'à destination.

Routeur* : un ordinateur dédié à la retransmission d'information. Généralement, un routeur est relié à plusieurs autres routeurs et permet d'acheminer des données des uns vers les autres.

RSA, Revenu de solidarité active : assure aux personnes sans ressources un niveau minimum de revenu variable selon la composition du foyer. Le RSA est ouvert, sous certaines conditions, aux personnes d'au moins 25 ans et aux jeunes actifs de 18 à 24 ans s'ils sont parents isolés ou justifient d'une certaine activité professionnelle.
Le RSA a pour objectifs :
- De compléter les revenus du travail pour ceux qui en ont besoin.
- D'encourager l'activité professionnelle ?
- De lutter contre l'exclusion.
- De simplifier les minima sociaux.

Rugby : sport de voyous pratiqué par des gentlemen, qui oppose deux équipes de quinze joueurs et où il faut poser un ballon ovale, joué au pied ou à la main, derrière la ligne de but de l'adversaire (essai), ou le faire passer entre les poteaux de but (transformation, drop-goal).
Championne de France en 1928, 1946, 1964 et 20.. ?, la Section Paloise pratique un rugby à l'ancienne, un sport d'évitement et de débordement.

20. S

SaaS* : le logiciel en tant que service ou *Software as a Service SaaS* est un modèle d'exploitation commerciale des logiciels dans lequel ceux-ci sont installés sur desserveurs distants plutôt que sur la machine de l'utilisateur. L'entreprise n'a pas à se préoccuper de l'interface, elle ne fait que l'exploiter.

SAFER : société spécialisée dans la vente de biens fonciers ruraux. Les SAFER ont plusieurs missions d'intérêt général : dynamiser l'agriculture et les espaces forestiers, favoriser l'installation des jeunes, protéger l'environnement et accompagner le développement de l'économie locale.

Sagesse : vertu. Comportement juste, raisonnable. Discernement, prudence.
C'est réfléchir pendant de nombreuses années.

Saisonnier (mouvement) : fluctuation d'une grandeur statistique liée à la « saison », c'est-à-dire se reproduisant à l'identique dans le temps lors de la même « saison » (printemps, été, automne, hiver).

Salaire : rémunération proportionnelle au temps ou à la tâche, allouée au travailleur lié à un employeur par un contrat de louage de services.
Traitement (fonctionnaires civils), solde (militaires), appointements (cadres supérieurs), gages (personnel domestique), il

est calculé, soit proportionnellement au rendement, soit proportionnellement au temps (mois, heure, fonction durée du travail).
Les compléments de salaires comprennent :

- Les primes et gratifications.
- Les versements pour congés payés.
- Les avantages en nature (repas, logements).

Les substituts du salaire, résultant de conventions collectives, comprennent :

- Le versement de prestations en cas de maladie ou d'incapacité.
- Les suppléments familiaux.
- Les indemnités de chômage.
- Les indemnités de préavis.

Le **Salaire minimum interprofessionnel garanti, SMIC :** est le salaire correspondant à une heure de travail effectif, fixé par les pouvoirs publics, et au-dessous duquel aucun employeur ne peut rémunérer un salarié
(pour garantir par voie règlementaire aux salariés les plus défavorisés un revenu correspondant au minimum vital).
Au 01.01.2018, le SMIC horaire est fixé à 9,88 €.
Dans la société de libre-échange, le salaire lié au temps de travail est progressivement remplacé par la rémunération liée aux résultats.
La reconnaissance est la prime essentielle au salaire.

Sans abri : personne qui n'a pas de logement.
En Février 2018, 1.300 sans abri recensés à Paris, environ 140.000 en France (évaluation).

Santé : bon état physiologique d'un être humain ; fonctionnement régulier et harmonieux de l'organisme pendant une période appréciable. Etat physiologique et psychique d'un groupe social, santé de ses membres ; état de bien-être dans une société.

Protection sociale de la santé par la Sécurité Sociale et l'Assurance Maladie (remboursement des soins).
« La santé est un état précaire qui ne laisse présager rien de bon » Docteur Knock.

Scalabilité* : capacité de croissance, de passage de l'état startup à la multinationale, valide la pertinence de leur Business Model.

Scénario économique : canevas des déroulements programmés d'une action prévisible. Hypothèse d'action.

Science économique : ensemble des connaissances objectives se rapportant aux activités de l'homme ayant pour finalité la satisfaction des besoins.
Sa définition n'a cessé d'alimenter les controverses (l'homme, son activité (travail), relations institutionnalisées, comportements, éthique,...).
Le caractère scientifique de « l'économique » peut être appréhendé à deux niveaux :

- La recherche des mécanismes, des enchaînements inhérents au fonctionnement d'un système économique (vérification des théories économiques).
- La recherche des principes explicatifs qui rendent compte de l'évolution des systèmes économiques.

L'imagination débridée des économistes les incite à construire des modèles formels de science économique qui concurrencent l'éolien.

Scientifique : qui a une activité scientifique ; chercheur, savant.
L'expérience scientifique est à la cohérence et l'efficacité ce que l'idéologie est à l'ignorance.

Scientiste : qui prétend résoudre les problèmes philosophiques par la science.

Scrum* : cadre méthodologique de gestion de projet. Définit 3 rôles (*Product Owner*, Equipe de développement, *Scrum Master*).

SDAU : Schéma directeur d'aménagement urbain : il fixe les orientations fondamentales de l'aménagement des territoires intéressés, à long terme (25 ans). Ce document détermine la destination des sols, le tracé des grands équipements d'infrastructure, l'organisation générale des transports, la localisation des services et activités essentiels.

SDF : **Sans domicile fixe** : le SAMU social estime qu'en janvier 2018 le nombre de personnes durablement à la rue à Paris est de 1.300 recensés au 20.02.18.

SEA/SEO/SEM*, Search engine advertising, Search engine optimization, Search engine marketing* **:** les 3 grandes manières d'optimiser son référencement dur Google. SEM = SEA + SEO, englobe toutes les techniques permettant d'augmenter la visibilité de son site sur les moteurs de recherche.

Second marché : le second marché permet aux entreprises de taille moyenne d'accéder elles aussi au marché boursier dans des conditions moins contraignantes.

Secteur d'activité : il s'agit de considérer l'activité principale d'une entreprise, ce qui implique qu'elle peut avoir des activités annexes. La Comptabilité nationale retient la notion de branche et non de secteur d'activité.

Secteur associatif : il y a environ 1,3 million le nombre d'associations actives en France, en progression continue, soutenues par la volonté des Français de s'engager en faveur de projets d'intérêt général, permettant l'épanouissement des jeunes (secteurs sportifs, culturels et de loisirs, souvent orientés vers tout type de public).

Secteur institutionnel : c'est un regroupement d'unités économiques résidentes caractérisé par sa ou ses fonctions principales et sa ou ses ressources.
(Ensemble des unités institutionnelles exerçant une même fonction principale).

Sécurité sociale : ensemble des organismes ou des opérations ayant pour objet de garantir la sécurité économique des individus.
C'est un ensemble d'administrations dont l'objet principal est le versement de prestations sociales.
Elle comprend : le régime général, le régime agricole, les régimes spéciaux, les régimes autonomes, les régimes de retraites complémentaires, le régime conventionnel d'assurance chômage, les sociétés mutualistes, les fonds (de passage et de compensation).

Sélection : action de choisir les objets, les individus qui conviennent le mieux. Ensemble des choses, des personnes ainsi choisies.
Choix pour le PSG de perdre contre le Real ou le Barça, ou, pour la Section Paloise, qui a le choix de gagner face au Stade Français ou contre le Stade Toulousain.

***Selfie* :** autoportrait photographique pris dans un contexte social festif ou touristique avec un smartphone, soit tenu à bout de bras, soit fixé à une perche à Selfie, pris sur le vif (égo-portrait).

Semaine : cycle de sept jours du dimanche au samedi, dont la succession partage conventionnellement le temps en périodes égales qui règlent le déroulement de la vie socio-professionnelle.

Ce n'est pas parce qu'on réduira la semaine ouvrée à 30 heures que les fins de mois seront plus fréquentes.

Sémiologie : science qui étudie la vie des signes au sein de la vie sociale.

Services : prestations contribuant à la satisfaction des besoins des individus ou collectifs autrement que par le transfert de la propriété d'un bien matériel.
Production le plus souvent immatérielle, s'échangeant sur un marché (services marchands) ou dont les facteurs permettant de le produire s'échangent sur un marché (services non marchands).
Diverses catégories de services :
- Services personnels, services domestiques diversifiés (coiffeurs,...).
- Services intellectuel exigeant des compétences particulières (activités d'études, intermédiaires, publicité).
- Services relatifs à la santé, à l'éducation, aux loisirs (spectacles).
- Fournitures de logement, activités hôtelières.
- Moyens de communication (infrastructure et exécution des transports, postes et télécommunications, Internet).
- Services financiers (crédit, banques, assurances).
- Services généraux qui assurent, ordre, protection et sécurité de la collectivité et de ses membres (défense nationale, police, justice, administration générale locale, régionale et nationale).

Les services, pour une large part, sont destinés à satisfaire directement les individus ; ils sont « consommés par les ménages » et par les entreprises.

Services collectifs : ce sont des services qui respectent les principes de non-rivalité et de non-exclusivité à quelques exceptions près (pôle emploi).
La rumeur est la terre d'élection du service public.

Service de proximité : Regroupe une grande diversité d'activités dont l'étendue varie en fonction des définitions et des classifications retenues. Une des solutions pour lutter contre le chômage (aide à la personne, solidarité, assistance, conseil, ...).

Shutdown : (fermeture). Le *shutdown* est, pour l'Etat fédéral des USA, une situation économique sans financement, sans crédits, qui le contraint à mettre au chômage technique des centaines de milliers de fonctionnaires dans les services fiscaux et les parcs nationaux (arrêt des activités gouvernementales aux Etats-Unis à la suite d'un désaccord du Congrès sur le vote du budget).
« Un *shutdown* en France ? Pourquoi pas ? » explique Jean-Paul Betbeze dans sa Newslleter du 28 janvier 2018.

Simplification : action de simplifier, de rendre plus simple, moins complexe, moins difficile ou moins chargé d'éléments accessoires.
Au prétexte de simplifier, il est difficile de passer de l'herbe au yaourt, sans passer par la vache ou la chèvre.

Simulation* : réalisation d'expériences fictives permettant d'étudier l'évolution de phénomènes complexes dans lesquels interviennent un grand nombre de facteurs explicatifs ainsi qu'éventuellement un certain nombre d'évènements aléatoires
La mise au point de techniques de simulation est aussi nécessaire dans le domaine économique et social que dans d'autres domaines (physique, botanique, médecine). Le succès des techniques de simulation est lié aux progrès de l'informatique et du numérique.
La simulation économique ne craint guère le déguisement et l'hypocrisie de la simulation émotionnelle.

Simulation informatique* : prédiction par ordinateur de scénarios du comportement d'un système réel, à partir de son modèle et des conditions initiales choisies.

Situation nette : patrimoine net de l'entreprise représenté par la différence entre son actif et les engagements de son passif.

Small business : Relatif aux PME-PMI.

Sociabilité : caractère de l'être sociable, aptitude à vivre en société.

Socialiser : susciter des rapports sociaux entre individus. Gérer ou diriger au nom de la société entière.

Socialisme : doctrine prônant l'organisation d'une société égalitaire, libérée des rapports d'exploitation entre les classes sociales et assurant la primauté de l'intérêt collectif sur les intérêts particuliers. Par extension : système et régime correspondant dans leurs principes à cet objectif.
Réalité pour certains, projet pour d'autres, malgré quelques succès, il a conduit à maintes désillusions dans l'évolution des sociétés contemporaines.
« Le socialiste ressemble à Christophe Colomb : il ne sait pas où il va, il ne sait pas combien ça coûte, il fait tout avec l'argent des autres ».
Attribué à un fervent keynésien.

Société : personne collective instituée par un contrat réunissant plusieurs personnes qui conviennent de mettre en commun des valeurs, des biens ou de l'industrie dans un but lucratif.

Sociétés non commerciales (ou civiles) : société coopérative, Société civile immobilière SCI, Sociétés civiles foncières, Sociétés civiles professionnelles.

Sociétés commerciales : sociétés de personnes, Sociétés de capitaux (en commandite par actions, anonyme), société à responsabilité limitée SARL.

Sociétés d'économie mixte.
Sois sympathique envers tes semblables quand tu monteras en haut de la société, tu y trouveras les mêmes, quand tu en redescendras.

Société 5.0. : au Japon, la *Super Smart Society* est à l'ordre du jour. Elle combine les avancées technologiques dans trois domaines : L'Internet des objets, l'intelligence artificielle et la robotique, synthétisées par la formule « 5.0 ». Le potentiel de ces ruptures technologiques déborde l'univers économique pour s'appliquer aux grands sujets de société comme le vieillissement de la population, l'adaptation de l'éducation et de la formation aux nouvelles caractéristiques du monde, la gestion des conséquences du réchauffement climatique et sa prévention pour l'avenir. Exemples : « Paro », un petit robot qui accueille les personnes âgées et stimule leur réflexion, « Parlo », un robot humanoïde, capable de reconnaître et d'individualiser une centaine de visages et de rentrer ainsi en communication avec des personnes. (séance de gymnastique, gestion de traitement médical à domicile). « Hal », *Hybrid Assistive Limb*, un dispositif d'assistance connectée qui permet à des personnes handicapées de retrouver certaines fonctionnalités et les aide à se mouvoir.
(Thierry Moulonguet, La Revue des Deux Mondes).

Socio-économique : relatif aux phénomènes sociaux, économiques, à leurs relations.

Sociologie : étude scientifique des faits sociaux humains, de toutes les formes de société et de sociabilité.

Solde des créances et dettes : comptabilité nationale : Pour un secteur institutionnel, différence entre les variations nettes d'actif (augmentation ou diminution des créances) et les variations nettes de passif (augmentation ou diminution des dettes) enregistrées à son compte financier.

Solidarisme : doctrine qui fonde la morale, la politique et l'économie normative sur la solidarité.

Solvabilité : aptitude à tenir ses engagements sur l'ensemble des ressources constituant son patrimoine ou son actif.
Lorsqu'il s'agit d'accorder un crédit à une entreprise, sa solvabilité s'apprécie par un examen critique du bilan (excédent d'actifs, part du patrimoine libre d'engagements, fonds de roulement, risque de non-remboursement).
Pour les établissements bancaires, la solvabilité est l'aptitude à supporter des pertes sur des crédits consentis.
Coefficient de solvabilité ou de sécurité comportant :

- Au numérateur les ressources propres, après déduction des immobilisations nettes.
- Au dénominateur les engagements des tiers figurant à l'actif, les comptes débiteurs et les crédits non mobilisables (100%), les crédits non mobilisables et par signature, et les effets réescomptables (10%).

Le crédit roule sur la solvabilité, comme la brouette roule sur le bitume.

Solvable : qui est en état de payer ce qu'il doit.

Sondages : choix d'un certain nombre d'unités dans une population, destiné à permettre l'étude des caractéristiques de cette population en se fondant uniquement sur les caractéristiques des unités choisies.
Prélèvement d'un échantillon dans un milieu en vue d'établir une série statistique, de déterminer la répartition des opi-

nions sur une question ou de vérifier une loi de probabilité. Voir Echantillon.

Sophiste : personne qui use d'arguments, de raisonnements spécieux. Abondant dans l'élitisme.

Souverain : fonds souverain, qui possède la souveraineté internationale, la capacité internationale normale.
Les fonds souverains gèrent l'épargne nationale et l'investissent dans des placements variés (actions, obligations, immobilier, etc ...). On peut dire que les fonds souverains sont des « bas de laine » constitués par les pays qui ont mis de côté leurs excédents (recettes pétrolières, d'exportations plus diversifiées...).

Spécialité : principe de droit budgétaire en vertu duquel le volume des dépenses prévues et autorisées dans un budget est réparti en crédits limitatifs correspondant à un objet déterminé.

Spéculation : opération financière ou commerciale qui consiste à profiter des fluctuations naturelles du marché (cours des valeurs et des marchandises, prix des biens immeubles) pour réaliser un bénéfice.
La pratique de ces opérations, l'activité qu'elles constituent. La spéculation est à la Bourse ce que la stérilité est à la contraception.

Spot : c'est le niveau de cours d'une devise ou d'un taux d'intérêt sur le marché au comptant, en direct, à l'inverse des *futures* qui fixent un cours à terme.

Stabilisation : interruption d'un mouvement de hausse ou de baisse arrêté à un niveau déterminé ou palier. Elle affecte un marché ou l'ensemble de l'activité d'une collectivité. Elle peut être naturelle ou spontanée, mais elle est plus souvent provoquée par une intervention extérieure au marché.

Stagflation : la stagflation est la situation d'une économie qui souffre simultanément d'une croissance économique faible ou nulle et d'une forte inflation (c'est-à-dire une croissance rapide des prix).
Cette situation est souvent accompagnée d'un taux de chômage élevé, ce qui contredit ce qu'énonce le Carré magique de Kaldor.
Voir Récession, Inflation, Stagnation.

Stagnation : phase d'arrêt de la croissance.

Stakhanovisme : méthode soviétique d'émulation du travail tendant à l'augmentation du rendement. Du nom Stakhanov, ouvrier mineur soviétique, né en 1906.
Le stakhanoviste est à l'emploi ce que l'immotivé est au chômage.

Startup* : jeune pousse, société qui démarre, nouvelle entreprise innovante, à la recherche d'importantes levées de fonds d'investissement, à très fort potentiel (spéculation).
A startup, startup et demi !

Statistiques : ensemble de techniques d'interprétation mathématique appliquées à des phénomènes pour lesquels une étude exhaustive de tous les facteurs est impossible, à cause de leur grand nombre ou de leur complexité. Ensemble de méthodes permettant d'analyser et de synthétiser l'information contenue dans une collection nombreuse de données chiffrées (statistique descriptive, statistique mathématique).
Voir Echantillon.
La science économique est un abus de statistiques où l'on se noie dans 30cm d'eau, en moyenne.

Les statistiques permettent des comparaisons utiles à la persuasion plus qu'à la raison.

Stochastique : qui comporte la présence d'une variable aléatoire.

Stock : ensemble des matières et produits mis en œuvre dans l'activité de l'entreprise et entreposés par elle dans l'attente de leur emploi ou de leur vente.

Stock-outil : stock minimum indispensable pour permettre à une entreprise d'assurer normalement son exploitation.
L'émergence du numérique permet de puiser dans un stock de données incommensurable.

Stratégie : art de coordonner les actions, de manoeuvrer pour atteindre un but à longue échéance.
La France, fille de mille tacticiens, orpheline de stratèges.
Développé dans *L'Embauchoir, Max Moreau, éditions L'Harmattan, 2011.*

Structure : lien organisationnel assurant la convergence de l'activité.
Structure économique : Système de proportions, rapports et relations inhérents à une entité économique.

Subprime : (sous-solvable) : crédit accordé à un client qui n'est pas solvable. Consenti à des ménages à faibles revenus, à taux d'intérêt élevé variable, risqué pour le prêteur, très risqué pour l'emprunteur.

La **crise des *subprimes*** est une crise financière qui a touché le secteur des prêts immobiliers à risque aux Etats-Unis à partir de juillet 2007. Avec la crise bancaire et financière de 2008, ces deux phénomènes marquèrent la crise financière et mondiale de 2007-2008.

La crise des *subprimes* c'est comme si un cabaretier faisait crédit à ses clients alcooliques insolvables.

Substituabilité stratégique* : outils de prévision de la demande OPD et pratique de réduction des stocks.

Subvention : dépense consentie à titre définitif au profit d'une personne publique ou privée en vue d'alléger ou de compenser une charge ou pour encourager une action déterminée. Terme réservé plus particulièrement aux transferts effectués par une collectivité publique au profit d'autres collectivités publiques, d'institutions sociales ou d'entreprises (subventions de fonctionnement ou d'exploitation, subventions d'équipement). Subventions d'équilibre, d'exploitation ou d'investissement.
Quand l'économie est en jachère, les gouvernants cultivent les subventions.

Succès : le fait pour quelqu'un, d'obtenir ce qu'il a cherché, de parvenir à un résultat souhaité. Réussite.
Le succès provoque plus d'envie que de bienveillance.

Supercalculateur* : c'est un ordinateur très puissant composé de quelques dizaines à quelques dizaines de milliers de processeurs connectés très étroitement les uns aux autres. Les plus performants sont capables de stocker 26 pétaoctets, soit 6 millions de DVD. (Pangea Total Pau, 1er calculateur mondial au 29 mars 2016).

Superette : unité de vente alimentaire en libre-service, de taille moyenne (120 à 400 m2) destinée principalement à la satisfaction des besoins courants d'une clientèle de voisinage.

Supermarché : magasin, ou département de magasin non spécialisé, d'une surface de 400 à 2500 m2, vendant à titre principal des produits alimentaires, fonctionnant en libre-service, le paiement des achats se faisant en une seule fois. Voir Grandes Surfaces.

Surplus : dans une unité de production, supplément de l'accroissement de valeur des produits sur l'accroissement de la valeur des facteurs, calculé à prix constants sur une période donnée.
Le ratio : volume des produits/volume des facteurs de production, mesure la productivité globale de l'entreprise, son aptitude à créer un supplément de richesse.
Plus l'entreprise possède de surplus, moins elle a tendance à le partager.

Swap : crédit croisé.

Syndicat : association professionnelle ayant exclusivement pour objet l'étude et la défense des intérêts professionnels et économiques de ses ressortissants (syndicats d'employeurs et syndicats de salariés).
En France, le nombre de salariés syndiqués est de 1,9 million, soit 8% des salariés, ave une vision assez brutale (limitée, en cours de changement ?), du dialogue social.
Le mécontentement, la frustration et la haine sont des sentiments qui renforcent l'agressivité syndicale.
Au chef d'entreprise de créer un climat qui désamorce ces tensions.

Système économique : ensemble cohérent d'institutions juridiques et sociales, au sein desquelles sont mises en œuvre, pour assurer la réalisation de l'équilibre économique, certains moyens techniques organisés en fonction de certains mobiles dominants. Voir Idéologie.

Système d'exploitation* : la vocation d'un *serious game* est de rendre attrayante la dimension sérieuse par une forme, une interaction, des règles et éventuellement des objectifs ludiques.

21. T

Tableau des entrées-sorties : comptabilité nationale : Tableau synthétique décrivant les équilibres ressources-emplois de biens et services et les éléments principaux des comptes de production et d'exploitation des branches.

Tables* : les tables de fonctions trigonométriques (sinus, cosinus, tangente) et les tables logarithmiques, qui donnent des valeurs arrondies pour une série de nombre espacés d'un pas régulier, servent à effectuer les calculs numériques.

Tantième : fraction des bénéfices distribuables d'une société, au-delà de la part revenant au premier dividende (et éven tuellement à l'intéressement), qui est affectée au conseil d'administration (ou au conseil de surveillance) à titre de rémunération complémentaire.
Les membres d'un Conseil d'administration ne suivent pas les conseils inutiles à l'entreprise, ils les précèdent.

Tarif douanier : liste des marchandises soumises aux droits de douane fixant les quotités de droits à percevoir pour chacune d'elles.

Task force : une *Task force* est une forme d'organisation temporaire créée pour exécuter une tâche ou une activité donnée (En France, création d'une *Task force* anti-terroriste sous l'autorité directe du chef de l'Etat, fin 2017).

Tautologue : Spécialiste de la tautologie, des propositions vraies, quelle que soit la valeur de vérité de leurs composants. Nos tautologues sont comme des maîtres qui tirent brusquement sur la laisse d'un chien ; il ne faut pas que la pensée prenne trop de champ.
Et pendant qu'ils s'écharpent, ... j'écris !

Taux : expression arithmétique de la variation dans le temps d'un élément quantifié ou de la relation existant à un moment donné entre deux éléments quantifiés.

Taux d'activité : rapport entre la population active et la population totale.

Taux de chômage : rapport entre le nombre de demandeurs d'emploi et la population active.

Taux de capitalisation boursière : est le rapport entre le cours courant sur le marché de l'action ordinaire d'une société et le revenu par action de la société. Il indique combien les investisseurs sont prêts à débourser pour obtenir un revenu de un euro dans une société donnée.

Taux de couverture : rapport entre la valeur des exportations et celle des importations de marchandises.

Taux d'emploi : proportion de personnes en âge de travailler disposant d'un emploi. Il traduit l'aptitude d'une économie à utiliser son potentiel de main-d'œuvre.

Taux de change : les taux de change sont les cotations sur le marché des cours des devises étrangères en termes de monnaie nationale, ou, à l'inverse, c'est-à-dire les cours de monnaie étrangère de la monnaie nationale.

Taux d'intérêt : l'intérêt est le prix payé pour l'utilisation dans le temps de la monnaie.

Taux de pénétration : taux mesurant la part du marché intérieur qui est couverte par les importations.

Taux de rentabilité : exprime le rapport entre le revenu annuel que procure un placement et la valeur immédiate de ce placement.

Taxe : c'est une contribution versée à l'Etat correspondant à une affectation particulière (la taxe intérieure sur les produits pétroliers, est par exemple, une contribution spécifiquement dédiée à ces produits).
Voir Impôt, Fiscalité, Prélèvements.

Taxe à la valeur ajoutée, (TVA) : impôt général de consommation que concourent à payer l'ensemble des entreprises participant au processus de production et de commercialisation.

Taxe d'égalisation* : taxe portant sur le chiffre d'affaires européen des grands groupes du numérique. Les impositions recouvrées dans ce cadre viseraient à refléter une partie de ce que ces entreprises devraient payer en terme d'imposition sur les sociétés.

Taxe d'habitation : impôt direct de répartition perçu au profit des collectivités locales, assis sur la valeur locative des immeubles d'habitation et personnalisé par la prise en compte des charges de famille.
Avec la réforme de la taxe d'habitation, 80% des foyers bénéficieront d'une suppression de leur taxe d'habitation sur leur résidence principale en 3 ans, à partir de 2018.

Taxe foncière des propriétés bâties : impôt direct de répartition perçu au profit des collectivités locales, assis sur le revenu évalué forfaitairement des immeubles bâtis. Certains contribuables bénéficient d'une exonération de taxe foncière, sous réserve que le revenu fiscal de référence du foyer ne dépasse pas certains plafonds.

Taxe professionnelle : impôt perçu au profit des collectivités locales à raison d'une activité professionnelle lucrative. La taxe professionnelle a été remplacée par une contribution économique territoriale depuis la loi de finances pour 2010. C'est toujours sa profession qui est le plus dur métier !

Taxe Tobin : consiste en une transaction des transactions monétaires internationales. Toujours à l'état de projet, la Cour des comptes a dressé un bilan très critique de la taxe Tobin.

Taxinomie : science des lois de la classification.

Taylorisme : système qui a donné une impulsion nouvelle à la division du travail, en poussant à sa limite la division entre travail manuel et travail intellectuel. L'étude systématique du savoir-faire des ouvriers est faite par le service des méthodes. Tout travail intellectuel doit être enlevé de l'atelier pour être concentré dans des bureaux de planification et d'organisation. Définition stricte des tâches, afin de contrôler leur exécution et de limiter les temps morts.

TCO, (AWS)* : c'est le calculateur du coût total de possession *AWS (TCO).*

Technique : qui appartient à un domaine particulier, spécialisé, de l'activité ou de la connaissance. Ensemble de procédés méthodiques plus ou moins régularisés et structurés, fondés sur des connaissances scientifiques et destinés à obtenir un résultat, satisfaire des besoins, selon une finalité et une ustensilité.
La technique s'apprend, mais on n'apprend pas à être Picasso.

Teckprofin plan : plan technique, industriel et financier des firmes industrielles de l'ancien système économique des pays socialistes.

Teenagers **:** désignent les adolescents âgés de 13 à 19 ans.

Télécommunications : ensemble des procédés de transmission d'informations à distance (optiques, radioélectriques, etc ...).
La commande vocale est une application informatique à qui l'on dicte des fautes de syntaxe et qui restitue des fautes d'orthographe.

Télématique : produit de la mise en œuvre associée des techniques les plus modernes de télécommunication et d'informatique.

Télémédecine* : regroupe les pratiques médicales permises ou facilitées par les télécommunications (soins de santé à distance, échanges de l'information médicale).

Tempérament (crédits pour achat à) : crédits consentis par des établissements spécialisés aux acquéreurs de biens d'équipement professionnel, de biens d'équipement ménager et de biens de consommation pour leur permettre de régler aux vendeurs les prix desdits biens au comptant.
Il faut parfois un sacré tempérament pour s'engager dans un crédit d'achat à tempérament.

Temps*: Pour que les contraintes de temps réel soient satisfaitesp les informaticiens mettent au point des systèmes d'exploitation et de langage de programmation spécifiques. Le respect des contraintes de temps est parfois vital (centrales nucléaires, SNCF, compagnies aériennes...).

Tendance : mouvement de longue durée affectant l'évolution d'un phénomène.

Statistiques : tendance centrale : quantité permettant de résumer une série de mesures d'un caractère quantitatif faîies sur des individus appartenant à une certaine population statistique.
La tendance perpétuelle à l'équilibre préoccupe autant les économistes que les trapézistes.

Terme (opération à) : opérations pour lesquelles le règlement et la livraison des valeurs négociées ont lieu à une date postérieure à la négociation.
En opérations de Bourse, la date postérieure à la négociation et fixée à l'avance est appelée liquidation.
Il se chuchote que la liquidation en Bourse est sans rapport avec la liquidation d'un arbitre gênant.

Tertiaire (secteur) : division de l'activité économique d'un pays concernant le commerce, les transports, l'administration, etc ...

Tertiarisation des emplois : c'est la transformation des métiers qui déplace les emplois industriels et agricoles vers le secteur tertiaire.

Tests (théorie des) : ensemble des méthodes permettant de déterminer, à partir d'un échantillon d'unités statistiques tirées au hasard dans une certaine population statistique, si la variable aléatoire étudiée appartient à telle classe C0 de lois de probabilités ou de telle autre classe C1. Voir Statistiques.
Pour sélectionner des pompiers, on leur fait passer des tests pyrotechniques.

Thaumaturge : qui fait des miracles.
Pour démontrer un théorème, il faut autant de facilité d'élocution que pour le formuler.

Théorie : c'est une représentation théorique de la réalité. L'élaboration d'une théorie donne lieu ensuite à une confrontation à la réalité. Pour cela, les économistes ont recours à la modélisation.

Théorie : quantitative (de la monnaie) : théorie selon laquelle, dans une économie donnée, le niveau des prix est fonction directe de la quantité de monnaie en circulation. Plusieurs formulations de la théorie quantitative : formulation de Ricardo, de John Stuart Mill, formule de « Fischer ».
Quand j'ai l'alternative entre plusieurs théories, je choisis toujours la plus facétieuse.

Thésauriser : amasser de l'argent pour le garder, sans le faire circuler ni fructifier.

Thésaurisation : détention improductive de valeurs ou de créances par un agent économique.
L'analyse économique classique distingue trois motifs principaux de thésaurisation :
- Motif de spéculation en commun à l'épargne et à la thésaurisation.
- Facteurs individuels, tenant au tempérament du sujet économique et à son horizon.
- Facteurs conjoncturels (instabilité économique et monétaire, crise).

TIC : Technologies de l'information et de la communication.

Tice*, Technologies de l'information et de la communication pour l'enseignement : les TICE recouvrent les outils et produits numériques pouvant être utilisés dans le cadre de l'éducation et de l'enseignement (outils conçus et utilisés pour produire, traiter, entreposer, échanger, classer, retrouver et lire des documents numériques à des fins d'enseignement et d'apprentissage).

Tiers provisionnel : voir Acompte.

Tirage (statistique) : constitution d'un échantillon à partir d'une population statistique. Voir Statistiques.

Titre : document représentatif d'un droit. Titres au porteur, titres à ordre, titres nominatifs (titres immobilisés, titres de participation).

Titre d'une monnaie : rapport entre le poids de métal fin qu'elle contient et le poids total de l'alliage utilisé pour la frapper.
Le plus beau des titres, n'est-il pas celui d'abonné au Gaz ?

Titrisation : technique financière qui consiste à transformer des actifs financiers illiquides en titres financiers liquides (rappel désastreux des *subprimes*).

Topologie (géométrie)* : la topologie est une science qui étudie les propriétés géométriques invariantes d'un objet quand celui-ci est étiré, tordu ou rétréci de manière continue.

Topologie (réseau)* : prend un sens différent de son sens géométrique lorsqu'il s'agit de réseau. La topologie d'un réseau désigne la façon dont ses nœuds sont interconnectés (en anneau, en étoile,...). Elle est modélisée par le graphe d'interconnexions.

Toutes choses égales par ailleurs : soit une théorie économique dont la variable expliquée est W. Cette variable s'explique, selon ladite théorie, par X, Y, et Z. Or, comme tout scientifique, nous voulons savoir l'impact de X sur W, celle de Y sur W et celle de Z sur W. Mais, dans la réalité, X, Y et Z ont un impact simultané sur W. Nous conduisons un

raisonnement « toutes choses égales par ailleurs » : nous analysons l'impact de X sur W en supposant que Y et Z sont constants, puis nous analysons l'impact de Y en supposant que X et Z sont constants et enfin, nous analysons l'impact de Z en supposant que X et Y sont constants.
Le principe de promotion de l'intelligence dans toutes les fonctions de l'entreprise devrait s'appliquer, toutes choses étant égales par ailleurs.

Traçabilité : caractère exactement repérable d'une évolution, d'une origine.

Traçabilité alimentaire : suivi d'un produit durant les différentes étapes de sa production, de sa transformation et de sa commercialisation dans le domaine de l'alimentaire. Cela permet d'assurer une sécurité et une qualité en maîtrisant les dangers (contamination, maladies, etc.) et les fraudes.
Une minutieuse traçabilité, et les médecins s'ennuieront.

Trader : golden boy négociateur de valeurs, engagé par une banque ou une société de Bourse, avec pour mission d'anticiper les fluctuations permanentes des cours des valeurs et de faire toujours plus de profit.
Pour un trader ou pour un météorologiste, les perspectives sont, soit aléatoires, soit incertaines.

Traite : synonyme de lettre de change dans le langage courant. Un tas de traites est nécessaire en contrepartie du paiement d'un système automatique de traite de chèvres.

Transfert (opération de) : Comptabilité nationale : opérations de répartition, prenant la forme d'un versement effectué par un agent économique à un autre agent économique, sans contrepartie apparente et directe, et dans un but social ou économique.

Transit : Circulation, entre deux bureaux de douane d'un même territoire, d'une marchandise qui n'a pas satisfait à l'ensemble des obligations qui lui incombent au regard de la loi douanière. Par extension : régime douanier applicable à cette situation.

Transmutation : changement de nature. Exemple : Lutte des classes en communauté d'intérêts.

Travail : ensemble des activités humaines, coordonnées en vue de produire ou de contribuer à produire ce qui est utile ou jugé tel.
Le célèbre violoncelliste et chef d'orchestre américain Yehudi Menuhin, qui se rendait au Carnegie Hall pour y donner un concert, était bloqué dans un taxi par un embarras de circulation newyorkais. Il convint avec le chauffeur de poursuivre son chemin à pied.
Une centaine de mètres plus loin, alors qu'il avait du mal à se repérer, il avisa un clochard mélancolique qui squattait l'entrée d'un building et l'interpella :

- Bonjour, Monsieur. Comment aller au Carnegie Hall, s'il vous plaît ?

Il obtint une réponse sibylline.

- Il faut travailler, Monsieur !

Travailleur : personne qui travaille, fait un travail physique ou intellectuel, qui exerce une profession, un métier. Un travailleur qui bosse comme un bûcheron, est une espèce de cervidé porteur de bois.

Trend : Statistique : tendance fondamentale.

Trésor : à la fois le service financier qui assume la fonction de trésorier des services de l'Etat, et l'Etat en tant qu'agent exécutant des opérations financières.

Trésorerie (coefficients ou ratios de) : ratios mettant en évidence, à partir du bilan d'une entreprise, la relation existant entre les engagements à court terme et les actifs réalisables et disponibles qui permettent d'y faire face.
En retenant les seules valeurs disponibles, on obtient le **ratio de trésorerie immédiate** ou de **liquidité immédiate** (ratio des disponibilités). Il se calcule :
Au numérateur : les valeurs disponibles (caisse, banque, chèques postaux, chèques et coupons à encaisser).
Au dénominateur : les dettes à court terme diminuées des avances et acomptes reçus des clients sur travaux ou produits en cours (dettes dont l'extinction sera réalisée par une prestation et non par appel à la trésorerie de l'entreprise).

Trou de trésorerie : l'entreprise, face à une baisse d'activité ou à des retards de paiements, doit faire face à une rupture de trésorerie qui la conduit à demander une autorisation de découvert.
Trou de balle, dans l'Armement.

Trialisme : système comportant trois éléments. Système philosophique ou politique fondé sur trois éléments. Trialisme républicain.

Troc : échange direct d'un bien contre un autre bien.
Si le détour monétaire est à peu près universel, le troc, technique la plus ancienne du négoce, conserve une place non négligeable dans les relations économiques internationales.
Pour le chercheur, l'accès à Internet est un troc de connaissances.

Trouveur : chercheur qui découvre en se consacrant à la recherche scientifique.
On trouve beaucoup plus de chercheurs qui cherchent que de chercheurs qui trouvent.

Trust : (Entente). Forme de concentration conduisant à la constitution d'un groupe d'entreprises soumis à une unité de direction.

Tutelle : protection d'un entrepreneur novice par un tuteur expérimenté, chargé de l'assister, de l'aider et de le superviser dans sa gestion.

Tutoriel : relatif à l'enseignement assisté, au tutorat.
Au besoin, on connaît le tuteur.

Twist : politique pratiquée par les autorités monétaires américaines et comportant des actions de sens contraire sur les taux d'intérêt à court terme et à long terme.
Let's twist again.......YEAAAAAAAAHH !

22. U

Ubérisation* : fait référence à la révolution Uber dans le secteur des VTCs. S'applique à tout bouleversement des codes, qui permet à un nouvel acteur d'amener les acteurs traditionnels à s'adapter à lui.

Underwriters : mot américain désignant les intermédiaires financiers qui assurent la « prise ferme » des obligations émises par un emprunteur, les revendent à des négociants en titres ou en assurent eux-mêmes le placement auprès des investisseurs.

U.E. : **Union européenne**. depuis le traité de Lisbonne en 2006, les économies européennes se sont rapprochées. Progressivement, les Etats membres se sont dotés d'institutions visant à améliorer leur coopération en matière économique, sociale et politique.

UMTS* : Universal mobile telecommunications system : il s'agît du système de téléphonie mobile également appelé 3G, 4G, (troisième, quatrième génération) permettant des échanges de données jusqu'à 2Mbps (3G).

Union douanière : groupement d'Etats constituant de leurs territoires nationaux un espace douanier unique.

Unité économique : Comptabilité nationale : centre élémentaire de décision et d'activité économiques.

Union européenne : association de 28 Etats indépendants (-1 Brexit) ayant décidé de coordonner leur politique en délégant, par traité, l'exercice de certaines compétences à des organes communs. Le traité de Lisbonne signé le 13 décembre 2007 est entré en vigueur le 1er décembre 2009.
La France, par la voix du Président de la République, a fait plusieurs propositions pour relancer l'Europe, le 26 septembre 2017. Une feuille de route sur dix ans qui fixe les priorités : une Europe à plusieurs vitesses, sécurité et défense communes, maîtrise des frontières, budget plus fort au cœur de la Zone euro sur le plan économique et social, développement durable, numérique et innovation, institutions et démocratie, jeunesse.
Aux adversaires de l'Europe, peut-être serait-il bon de rappeler que sa construction a entraîné la cessation des conflits entre ses membres.

Univers : ensemble de tout ce qui est organisé ; milieu réel, matériel ou moral.
Spéculer sur le problème universel de la création de l'univers est aussi un raisonnement personnel.

Univoque : se dit de la correspondance d'une relation dans laquelle un terme entraîne toujours le même corrélatif. Pour chaque chef d'entreprise, le management n'est bien sûr pas univoque.

Urbaine (unité) : ensemble des habitants des villes isolées et des agglomérations urbaines et multi-communales.

***URL*, Uniform resource locator** :** adresse Web.

Usufruit : droit réel de jouissance sur une chose appartenant à autrui, qui s'éteint nécessairement à la mort de l'usufruitier.

Usure : fait, pour un prêteur d'argent, de demander un taux d'intérêt supérieur à la coutume ou à la loi. Elle accélère le processus de renchérissement de l'argent, et aggrave les inégalités sociales.
Pour éviter un taux d'usure, il faut se livrer à une véritable guerre d'usure.

Utilisateur* : la tâche des ergonomes est d'analyser les besoins des utilisateurs et leurs méthodes de travail, puis d'adapter les caractéristiques de l'outil pour faciliter sa prise en main et en améliorer les performances (point crucial : l'interface par laquelle le programme communique avec l'utilisateur).

Utilité : qualité de ce dont l'usage est apprécié par l'agent économique.

Utilité (fonction d') : c'est la relation entre la quantité d'un bien et la satisfaction qu'il procure. Cette relation d'abord croissante à un rythme croissant voit son rythme d'augmentation diminuer, puis stagner.
Ensuite, la fonction devient décroissante mais l'agent n'est pas rationnel à ce stade. En effet, qui augmenterait sa consommation d'un bien, si sa satisfaction diminue ? (Désutilité).
Le superflu cède trop souvent à l'utile.

UX/UI* : peut désigner la spécialité d'un designer qui va travailler sur l'expérience utilisateur d'un site *UX User Experience* (interaction produit, service, utilisation, téléchargement...humain/machine).

23. V

Valeur ajoutée : Comptabilité nationale : différence, pour un producteur, entre la valeur de la production évaluée au prix du marché et celle de sa consommation intermédiaire. Cette notion de valeur ajoutée est donc étroitement dépendante de celle de production.
Voir TVA.

Valeur boursière : capitalisation boursière ; situation nette.

Valeurs disponibles : ensemble des liquidités ou des titres de créances de l'entreprise pouvant être convertis rapidement en liquidités.

Valeur d'échange : c'est la valeur d'un bien permettant de se procurer un autre bien.

Valeurs d'exploitation : ensemble des stocks de matières, de produits ou d'emballages appartenant à l'entreprise et relatifs à son exploitation.

Valeurs immobilisées : ensemble des titres et valeurs constituant pour l'entreprise des créances non réalisables dans l'année.

Valeur d'inventaire (ou valeur actuelle) : valeur vénale d'un bien à la date de l'inventaire.

Valeurs mobilières : documents ou titres représentatifs d'une valeur (participation ou créance) et négociables à la bourse des valeurs.

Valeurs réalisables à court terme : ensemble des créances et titres détenus par une entreprise et pouvant être convertibles en monnaie généralement à moins d'un an.

Valeur d'usage : c'est la mesure de la satisfaction que procure un bien. Peut-on vraiment mesurer une profonde satisfaction ? Les économistes... peut-être !

Vanité : défaut d'une personne, satisfaite d'elle-même et étalant cette satisfaction. La vanité, cette satisfaction de soi-même, ce sentiment d'orgueil, est le mobile essentiel de l'action des hommes. Plus décisive que l'argent, elle règne, dès lors que la soif des satisfactions matérielles est étanchée.

Variabilité : caractère des éléments variables d'un ensemble.

Variable : grandeur susceptible de varier de façon propre ou en fonction d'autres variables. En statistique descriptive : caractère quantitatif discret ou continu.

Variable endogène : c'est une variable explicative, elle-même expliquée par le modèle.

Variable exogène : c'est une variable explicative indépendante.

Variable explicative : c'est la variable qui explique la **Variable expliquée** : les économistes évaluent la capacité de la variable explicative à expliquer une situation. Vous suivez toujours.... ?

Ventilation : mise en œuvre des opérations d'affectation, de répartition et d'imputation permettant de traduire les charges en coûts.

Venture capital : capital risque.

Véridicité : caractère véridique d'une assertion ou d'un témoignage.

Vérité : c'est la qualité, le caractère de ce qui est vrai. C'est la conformité de l'idée, du nombre ou du ratio avec son objet, la conformité de ce que l'on dit, que l'on écrit, que l'on pense ou que l'on prétend avec la réalité économique. La vérité économiquc cst un cumul dc contradictions qui s'équilibrent.

Virtuel* : les chercheurs savent dépasser les limites de notre environnement en nous plongeant dans les univers artificiels de la réalité virtuelle au moyen de gants tactiles, de paires de lunettes à cristaux liquides et de capteurs identifiant les mouvements de l'utilisateur.
La réalité augmentée incorpore des éléments virtuels au réel ou inversement.

Viscosité : caractère d'un marché où l'offre et la demande s'adaptent malaisément l'une à l'autre.

VOD* : technique de diffusion de contenus vidéo numériques bidirectionnelle (interactive).

VPN*, Virtual private network : réseau privé virtuel. Il s'agit d'un mécanisme qui permet à des ordinateurs distants géographiquement d'être reliés virtuellement comme s'ils appartenaient au même domaine.

Volatilité : aptitude à se diluer, à varier. En Finance, la volatilité est l'ampleur des variations du cours d'un actif financier. Elle sert de paramètre de quantification du risque de rendement et de prix d'un actif financier.

24. W

Wall Street : marché financier américain.

Warrant : forme particulière au titre instrumentaire d'un gage commercial.

Web, World wide web (WWW)*: Toile d'araignée mondiale (Toile), est un système hypertexte public fonctionnant sur Internet. Permet de consulter, avec un navigateur, des pages accessibles sur des sites.

Web sémantique* : Est un mouvement collaboratif mené par *le World Wide Web Consortium W3C*, qui favorise des méthodes communes pour échanger des idées.

Webmaster* : personne responsable d'un site Web, de sa conception, de sa maintenance.

Wi-fi, Wireless fidelity* : rassemble plusieurs normes de réseau sans fil définies par l'IEEE (802.11b et 802.11g).

Wimax* World wide interoperability for microware acces : utilisé comme mode de transmission et d'accès à Internet haut débit, portant sur une zone géographique étendue (standard de communication sans fil).

Wikipédia : projet d'encyclopédie universelle, multilingue, créé en 2001, libre accès Internet.

W3C, World wide web consortium* : organisme de normalisation à but non lucratif.

25. X

L'X : Abréviation familière désignant l'Ecole polytechnique ou les Polytechniciens.

XML* (eXtensible markup language : langage de balisage extensible, format unifié, aide à donner un sens aux données, mais permet aussi de réaliser des programmes « génériques » qui peuvent manipuler ou échanger des données.

X10* : protocole de communication par courants porteurs entre des émetteurs et des récepteurs domotiques.

26. Y

Yeux* : les images numérisées devenant de plus en plus nombreuses, on automatise leur classification et on s'attelle à l'interprétation détaillée de ces images (taches radiographiques, tumeurs, comportements relationnels).

YouTube : site Web d'hébergements de vidéos.

***York* (système d')* :** mode de rémunération du travail aux pièces.

Yuan : monnaie chinoise. Cours du yuan au 15.02.2018. 1 EUR = 7,9206 CNY. A ce jour, la Banque centrale chinoise conteste être prête à déprécier le yuan.

27. Z

Zones* : espaces géographiques homogènes d'un certain point de vue économique.

Zone de libre échange : dans une économie de marché, la croissance et le développement économique se construisent sur la base des échanges économiques.
Les regroupements régionaux de pays suppriment entre eux les droits de douanes et les restrictions quantitatives aux mouvements de marchandises.

Zone monétaire optimale : les décisions de la BCE concernant les taux d'intérêt ne font pas toujours l'unanimité parmi les gouvernements de la Zone euro (cycles économiques différents). En ce sens, la Zone euro n'est pas une « Zone monétaire optimale ». Comment prendre une décision unique qui convienne à tout le monde ?

ZAC : Zone d'aménagement concerté.

ZAD : Zone d'aménagement différé. remis en exergue par la ZAD de Notre-Dame-des-Landes.

Zadiste : militant ou activiste qui s'oppose à la réalisation d'un projet.

ZEP : Zone d'éducation prioritaire.

ZTU : Zone franche urbaine.

ZUP : Zone à urbaniser en priorité.

Zéro* : les machines comptent en base 2. Le zéro est représenté par 0, un par 1, deux par 10, trois par 11... et les calculs sur ces nombres sont compréhensibles par des personnes de la 10° catégorie.
Y a-t-il encore des ignorants qui ne connaissent ni Zéro, ni Un ?

Zinzins : Dans le jargon professionnel de la finance, ce terme désigne les investisseurs professionnels.
« Je suis le ténébreux, le veuf, l'inconsolé.
Le Prince d'Aquitaine à la tour abolie,
Ma seule étoile est morte, et mon luth constellé.
Porte le soleil noir de la Mélancolie ».
Gérard de Nerval. El Desdichado.

Merci

Ce livre n'aurait pu voir le jour sans les inlassables conseils, la générosité et l'amitié de Marc.

Toute ma reconnaissance à Jean-Paul Betbeze, mon ami de longue date, pour sa chaleureuse préface, ses observations rigoureuses et ses corrections méticuleuses.

A Chris, Philippe Arraou, Arnaud Dujardin, pour leurs relectures minutieuses et leurs profondes observations.

A mes amis du think tank « Le chiffre et la plume » qui m'ont fait découvrir les particularités de l'économie réelle.

A vous, chers lecteurs et belles lectrices qui, par votre lecture, en me protégeant de l'isolement, m'offrez votre bien intime le plus précieux : votre temps, et qui prenez aussi le temps de m'écrire pour que nous partagions nos réflexions. Vous avez partagé ma solitude d'écriture.

En espérant que vous ne lirez pas ce dictionnaire facétieux comme votre annuaire, quand, après avoir lu quelques pages...vous décrochez !

Merci à mes éditeurs, Denis et Xavier Pryen, directeurs de L'Harmattan, à Virginie Hureau, responsable de fabrication, et à leurs équipiers qui m'accueillirent chaleureusement dans leur grande famille.

A tous, un grand merci.

Max Moreau

En Béarn, hiver tardif,
printemps d'espérance 2018.

« Natif de Pau, je suis du Béarn, paresseux qui s'ignore en travaillant beaucoup, qui a besoin de béquilles pour s'appuyer sur ses piètres résultats, les Pyrénées dans le regard, sa raillerie sous l'épiderme, ses gerçures sur les mains, avec la chevelure de ses frondaisons, les frissons de sa glèbe, l'eau claire de ses gaves, l'abrasion de ses galets, son Bèth cèu de cristal, ses saveurs de Garbure et de Jurançon, ses montagnards et ses Ossaloises... ».

Économie et Entreprise

aux éditions L'Harmattan

Dernières parutions

LE BIG BANG DES NOUVELLES ROUTES DE LA SOIE
Dhomps Pierre, Tsiang Henri - Préface de Jean-Pierre Raffarin
L'ambition des Nouvelles Routes de la Soie, aussi appelées BRI (Belt and Road Initiative) est de relier la Chine à l'ensemble du continent eurasiatique et à l'Afrique par des voies de communication terrestres et par le renforcement des voies maritimes. La priorité est donnée au co-développement économique entre les 65 pays et régions concernés et la Chine, grâce à une connectivité et une participation active. Ce projet considérable va de pair avec la volonté du président chinois Xi Jinping de faire retrouver à la Chine sa place éminente.
(21.50 euros, 198 p.)
ISBN : 978-2-343-13604-2, ISBN EBOOK : 978-2-14-005318-4

MARCHÉ DU LOGEMENT ET AIDES PUBLIQUES
Cornuel Didier
Si le prix des logements est élevé, dit-on, c'est que l'offre serait insuffisante. Ce diagnostic est erroné. En réalité, l'offre est excédentaire. La stabilité du prix des loyers et l'explosion de la vacance en sont la preuve. La politique du logement basée depuis plus de 10 ans sur ce diagnostic ne peut être ni efficace ni pertinente. Après avoir précisé la place du logement dans l'économie, l'ouvrage examine les principales aides publiques en la matière pour en réaliser une évaluation économique et suggérer des réformes.
(Coll. Logiques sociales, 22.50 euros, 218 p.)
ISBN : 978-2-343-13579-3, ISBN EBOOK : 978-2-14-005322-1

L'ART DE LA DIPLOMATIE ÉCONOMIQUE
Kemache Fouad
La diplomatie économique, pilier de la politique étrangère de la France sous François Hollande, répondait à plusieurs impératifs : résorber le déficit commercial du pays et freiner sa désindustrialisation. Quant à la Chine, elle l'emploie largement pour étendre son influence globale. La diplomatie économique permet de comprendre la manière dont les États tentent de préserver leurs intérêts stratégiques. En apparence attrayante, cette forme de diplomatie limite l'action extérieure d'une nation au commerce.
(14.50 euros, 126 p.)
ISBN : 978-2-343-13139-9, ISBN EBOOK : 978-2-14-005154-8

L'ACCORD DE LIBRE-ÉCHANGE
Entre l'Union européenne et le Canada – Tout savoir sur le CETA/AECG
Favari Danièle
Moins connu que le TAFTA, le CETA entré en application provisoire le 21 septembre 2017, est tout aussi préoccupant et ne prend pas en compte l'enjeu climatique. Au-delà de la suppression des droits de douane et des contingents agricoles, cet accord dit de « nouvelle génération » ouvre la voie à la privatisation des services publics et à une harmonisation des normes qui facilite les échanges commerciaux. L'accord porte atteinte au droit à réguler des États membres bien inquiétant pour les investisseurs. Il importe de découvrir toutes les facettes de cet accord entre UE et Canada.
(17.00 euros, 156 p.)
ISBN : 978-2-343-13080-4, ISBN EBOOK : 978-2-14-004991-0

CLÉS D'ACCÈS AU XXIIe SIÈCLE (T. 1)
La destruction créatrice, une illusion ravageuse
Simonin Jean-François
Il faut revenir sur le concept de destruction créatrice formulé en 1942 par Joseph Schumpeter. Il fait office d'évidence pour les élites économiques et politiques de la mondialisation. Mais c'est une ineptie de penser que la destruction pourrait être créatrice. Elle est à l'origine de la myopie écologique et anthropologique de l'économie mondialisée du XXIe siècle. Il faut donc enterrer définitivement cette illusion. Il s'agit d'identifier ses sources, ses tenants et aboutissants pour désamorcer sa puissance ravageuse. C'est la première étape de la reconstruction d'un projet de civilisation.
(22.00 euros, 216 p.)
ISBN : 978-2-343-13307-2, ISBN EBOOK : 978-2-14-005095-4

CLÉS D'ACCÈS AU XXIIe SIÈCLE (T. 2)
De nouveaux matérieux pour de nouveaux futurs
Simonin Jean-François
Depuis que nous sommes entrés dans l'ère de l'anthropocène, nous n'avons plus grand-chose à attendre d'un surcroît d'ingénierie chimique, nucléaire, génétique, climatique, numérique ni financière pour consolider l'avenir de la civilisation occidentale. Pourtant, de nouveaux outils et idées surgissent aux interstices des logiques libérales. Cet essai recense ces nouveaux matériaux qui permettent d'envisager d'autres futurs. En réalité, ils sont nombreux et certains semblent assez consistants pour fonder une nouvelle culture. Il faut imaginer ce qui permet de les cristalliser dans un nouveau projet de civilisation.
(22.00 euros, 216 p.)
ISBN : 978-2-343-13306-5, ISBN EBOOK : 978-2-14-005096-1

DE L'ENTREPRISE À LA COMMUNAUTÉ ENTREPRENEURIALE (T. 5)
Traité de gouvernement
Amado Jean
À l'heure où la France est confrontée à "une guerre économique", ce sont les entreprises qui constituent le corps de bataille. Or dans l'entreprise les salariés sont

toujours considérés comme des tiers uniquement reliés à elle par un simple contrat de louage de service. Cet ouvrage entend affirmer que les apporteurs de finance et les apporteurs de travail doivent devenir les citoyens de la même entreprise considérée comme une communauté entrepreneuriale ; tous ces apporteurs étant liés par un même lien de solidarité afin de dégager un profit suffisant pour assurer la survie de leur commune entreprise affirmant ainsi la fin de la lutte des classes.
(Coll. Questions contemporaines, 13.50 euros, 114 p.)
ISBN : 978-2-343-13120-7, ISBN EBOOK : 978-2-14-005087-9

PILOTER SON ENTREPRISE
De l'accompagnement aux choix stratégiques
Salvaire Claude
Cet ouvrage propose une méthode simple pour que tout patron de PME comprenne, rédige, applique sa propre vision stratégique et en mesure les effets. Elle se base non seulement sur une présentation théorique mais surtout sur des exemples concrets qui illustrent le déroulé de toute stratégie. S'y trouvent réunis les outils pour gérer et développer une entreprise, qu'il s'agisse de calcul de rentabilité, d'action commerciale ou de gestion du personnel. L'ouvrage présente des indicateurs et des tableaux qui permettent au créateur d'entreprise de définir son cadre de référence et ses plans d'action.
(Coll. Vivre l'entreprise, 18.00 euros, 168 p.)
ISBN : 978-2-343-13165-8, ISBN EBOOK : 978-2-14-005041-1

LA RÉSILIENCE DES ORGANISATIONS
Les fondamentaux
Teneau Gilles
Les organisations évoluent de plus en plus dans un contexte où le rythme des turbulences et des chocs s'accélère. Comment pouvons-nous créer les conditions pour l'émergence de la résilience, cette aptitude à faire face au choc, à s'adapter ou à rebondir ? Quelles sont les différentes trajectoires possibles en situation de crise ? Cet ouvrage aborde les grands concepts de la résilience des organisations ainsi que les stratégies à mettre en œuvre.
(Coll. Perspectives organisationnelles, 26.00 euros, 264 p.)
ISBN : 978-2-343-13176-4, ISBN EBOOK : 978-2-14-005089-3

LE MARKETING D'INFLUENCE
Stratégies au quotidien pour le chef d'entreprise
Mignot Bruno - Préface de Stéphane Ronteix
Les hommes d'affaires anglo-saxons sont culturellement versés dans l'influence, les latins beaucoup moins. Cet ouvrage fait suite au *Mémento de stratégie d'influence à usage du dirigeant d'entreprise* (2015). Associer la stratégie d'influence au marketing s'avère très naturel tant les objectifs du marketing nécessitent de créer, améliorer, consolider la perception qu'ont les consommateurs d'un produit ou les clients d'un service. Un outil pour les dirigeants d'entreprise et décideurs avides de transformer leur énergie d'entrepreneur en avantages concurrentiels.
(Coll. Diplomatie et stratégie, 17.50 euros, 158 p.)
ISBN : 978-2-343-13430-7, ISBN EBOOK : 978-2-14-005086-2

PENSÉE OU INTELLIGENCE ARTIFICIELLE ?
De la stratégie à la formation, l'humain au cœur du numérique
Marquis François-Xavier
Les nouvelles technologies du numérique interviennent dans toutes les composantes de notre environnement et nous touchent de façon transversale. Pourtant, la transvertalité n'est pas naturelle à l'humain. Notre culture nous a habitués à raisonner de façon verticale, par domaine. Les technologies du numérique interviennent de façon transversale, ce qui ne nous est pas naturel. Acteur et utilisateur du numérique depuis 40 ans, l'auteur nous interpelle sur les enjeux humains et sociétaux de l'ère du numérique, de la stratégie d'entreprise à la formation professionnelle.
(16.50 euros, 154 p.)
ISBN : 978-2-343-13326-3, ISBN EBOOK : 978-2-14-005061-9

PETITES ENTREPRISES DANS L'HISTOIRE INDUSTRIELLE
Sous la direction de Cédric Perrin
Les petites entreprises ont longtemps été négligées par les économistes, les historiens et les pouvoirs publics. Leur contribution à l'histoire industrielle a été ignorée dans les processus de croissance et d'industrialisation depuis la fin du XVIIIe siècle. Après la Seconde Guerre mondiale, l'hégémonie conceptuelle de la productivité et de l'efficacité du fordisme ont contribué à ériger la grande entreprise en modèle. Mais le ralentissement de l'économie dans les années 1970 a permis de reconsidérer le rôle de la petite entreprise.
(Coll. Marché & organisations, 24.50 euros, 232 p.)
ISBN : 978-2-343-13200-6, ISBN EBOOK : 978-2-14-004875-3

L'OMC DE MARRAKECH À WASHINGTON (1994-2017)
Sous la direction de Jean-Claude Martinez
Préface Andrés Rhode Ponce. Avant-propos Jawad Kerdoudi
Postface Maria Claudia Lacouture.
Créée en 1994 à Marrakech, l'Organisation mondiale du commerce (OMC) fut un temps un succès. Puis cette mécanique multilatérale s'est enrayée. Depuis la crise de 2008, la tentation du repli est revenue, dont l'engouement pour les taxes douanières. L'OMC se trouve en porte-à-faux. Tandis que les États retournent au bilatéral et au régional, l'OMC permet l'égalité entre petits États et géants économiques. Il faut donc « sauver le soldat OMC » et inventer des droits de douane déductibles. Ce livre expose un droit modulable, remboursable, négociable et bonifiable. Il réconcilie libre commerce et protection sociale.
(30.00 euros, 290 p.)
ISBN : 978-2-343-12249-6, ISBN EBOOK : 978-2-14-004770-1

Structures éditoriales du groupe L'Harmattan

L'Harmattan Italie
Via degli Artisti, 15
10124 Torino
harmattan.italia@gmail.com

L'Harmattan Hongrie
Kossuth l. u. 14-16.
1053 Budapest
harmattan@harmattan.hu

L'Harmattan Sénégal
10 VDN en face Mermoz
BP 45034 Dakar-Fann
senharmattan@gmail.com

L'Harmattan Cameroun
TSINGA/FECAFOOT
BP 11486 Yaoundé
inkoukam@gmail.com

L'Harmattan Burkina Faso
Achille Somé – tengnule@hotmail.fr

L'Harmattan Guinée
Almamya, rue KA 028 OKB Agency
BP 3470 Conakry
harmattanguinee@yahoo.fr

L'Harmattan RDC
185, avenue Nyangwe
Commune de Lingwala – Kinshasa
matangilamusadila@yahoo.fr

L'Harmattan Congo
67, boulevard Denis-Sassou-N'Guesso
BP 2874 Brazzaville
harmattan.congo@yahoo.fr

L'Harmattan Mali
Sirakoro-Meguetana V31
Bamako
syllaka@yahoo.fr

L'Harmattan Togo
Djidjole – Lomé
Maison Amela
face EPP BATOME
ddamela@aol.com

L'Harmattan Côte d'Ivoire
Résidence Karl – Cité des Arts
Abidjan-Cocody
03 BP 1588 Abidjan
espace_harmattan.ci@hotmail.fr

L'Harmattan Algérie
22, rue Moulay-Mohamed
31000 Oran
info2@harmattan-algerie.com

L'Harmattan Maroc
5, rue Ferrane-Kouicha, Talaâ-Elkbira
Chrableyine, Fès-Médine
30000 Fès
harmattan.maroc@gmail.com

Nos librairies en France

Librairie internationale
16, rue des Écoles – 75005 Paris
librairie.internationale@harmattan.fr
01 40 46 79 11
www.librairieharmattan.com

Librairie l'Espace Harmattan
21 bis, rue des Écoles – 75005 Paris
librairie.espace@harmattan.fr
01 43 29 49 42

Lib. sciences humaines & histoire
21, rue des Écoles – 75005 Paris
librairie.sh@harmattan.fr
01 46 34 13 71
www.librairieharmattansh.com

Lib. Méditerranée & Moyen-Orient
7, rue des Carmes – 75005 Paris
librairie.mediterranee@harmattan.fr
01 43 29 71 15

Librairie Le Lucernaire
53, rue Notre-Dame-des-Champs – 75006 Paris
librairie@lucernaire.fr
01 42 22 67 13

www.ingramcontent.com/pod-product-compliance
Lightning Source LLC
LaVergne TN
LVHW011313061026
849535LV00005B/1539
* 9 7 8 2 3 4 3 1 4 3 7 9 8 *